관상 경영학

관상 경영학

돈, 사람, 성공이 따르는 사람들의 비밀

김태연 지음

비즈니스북스

관상 경영학

1판 1쇄 발행 2020년 2월 19일
1판 8쇄 발행 2024년 9월 20일

지은이 | 김태연
발행인 | 홍영태
편집인 | 김미란
발행처 | (주)비즈니스북스
등 록 | 제2000-000225호(2000년 2월 28일)
주 소 | 03991 서울시 마포구 월드컵북로6길 3 이노베이스빌딩 7층
전 화 | (02)338-9449
팩 스 | (02)338-6543
대표메일 | bb@businessbooks.co.kr
홈페이지 | http://www.businessbooks.co.kr
블로그 | http://blog.naver.com/biz_books
페이스북 | thebizbooks
ISBN 979-11-6254-130-2 03190

비즈니스북스는 독자 여러분의 소중한 아이디어와 원고 투고를 기다리고 있습니다.
원고가 있으신 분은 ms1@businessbooks.co.kr로 간단한 개요와 취지, 연락처 등을 보내 주세요.

'관계와 사람'이라는 인생 난제를 푸는 지혜

관상학은 인간의 내면이 신체에 반영된다는 원리에 기인하여 사람의 외형을 관찰함으로써 재능, 성격, 건강, 심리 상태 등을 읽어 내는 학문이다. 단순히 얼굴만을 보는 것이 아니라 체상, 골상, 수상, 기색, 언상, 목소리, 태도, 몸짓 등을 포함하여 포괄적으로 보고, 그 사람의 타고난 에너지와 지금 흐르고 있는 에너지를 읽는다. 이를 통해 그 사람의 과거와 현재, 가까운 미래까지 읽어 낼 수 있다.

　이와 비슷한 학문으로 사주 명리학이 있다. 사주 명리학은 태어난 연월일시로 운세의 길흉화복을 감정해 인생의 흐름을 가늠한다. 사주 명리학을 통해 우리는 자신의 타고난 분수, 나아갈 때와 멈출 때를 깨우치고 안분지족할 수 있는 마음의 여유를 마련할 수 있다. 운명을 미리 가늠하고 대비한다는 점에서 유용하지만 태어난 연월일시를 바꿀 수 없으므로 제한적인 측면이 있다.

관상학은 운명을 가늠하는 것에서 한발 더 나아가 삶의 방식과 태도 등을 통해 선천적인 요소, 즉 얼굴과 체형을 적극적으로 관리함으로써 운명을 조금씩 개척해 나갈 수 있다. 이것이 내가 관상학에 깊이 빠져들게 된 결정적인 이유이다.

무엇보다 관상은 나의 마음 상태가 고스란히 얼굴에 드러나고, 이것이 축적되어 하나의 '이력서'를 만든다. 나를 만나는 누구나 이 이력서를 읽을 수 있고, 나를 꿰뚫어 볼 수 있다. 이것을 알고도 어찌 마음 관리에 소홀할 수 있을까. 그 후로 관상은 내게 매순간 마음을 가다듬는 거울이 되어 주었다.

그렇게 나 자신과 내 인생의 흐름을 알고 싶어 시작한 관상학과의 인연은 십수 년이 지난 지금에 이르러, 현재 나는 기업체, 대학교, 각종 단체를 대상으로 인사 및 조직 관리, 적성, 진로, 직업, 재테크, 관상 성형 등의 주제로 컨설팅과 강의를 하는 관상학 전문가로 활동하고 있다.

사람의 그릇을 읽는 유용한 도구

관상은 상대방이 가진 능력과 가능성을 알아보는 가장 직관적이고 실용적인 도구가 될 수 있다. 꼴이라는 것은 겉으로 보이는 사물의 생긴 모양이나 구조를 뜻한다. 생긴 꼴을 보면 어떤 기능이 발달했고 어디에 쓰면 더 유용하게 쓸 수 있는지 알 수 있다. 이런 것을 사람에게 적용시킨 것이 관상이다. 또한 '기세가 있다', '기운이 남다르다'는 말처럼 보이지는 않지만 그 사람이 가진 에너지를 파악할 수 있다. 그래서 골격이 발달하고 기세가 있으면 강한 에너지를 발휘할 수 있는 사람이라는 것을 알 수 있다.

비즈니스에서는 상대방의 의중을 파악하는 능력, 원활한 대인관계, 자신감 등을 두루 갖춘 사람이 절대적 우위에 선다. 소리 없이 강력한 힘을 발휘하는 '관상에 나타난 정보 읽기'는 타인과의 소통 효과를 높이고 상대를 이해하는 데 귀중한 요소가 될 수 있다. 아주 미묘한 차이지만 그 안에는 인간관계를 변화시킬 커다란 힘이 담겨 있다.

회사가 새로 들인 회계팀 직원 하나로 휘청이기도 하고, 아르바이트생 잘 뽑아서 손님이 끊이지 않는 식당도 있다. 그저 밝고 건강한 기운의 사람과 사귀었을 뿐인데 어둡고 비관적이던 성격이 긍정적으로 바뀌는 경우도 많다. 세상 모든 일이 사람과의 인연에서 비롯된다는 사실을 떠올린다면 이것이 얼마나 중요한지 알 것이다. 그러니 인생을 좋은 흐름으로 이끌고자 한다면 좋은 사람을 알아보는 통찰력과 나 스스로 좋은 기운의 사람이 되기 위한 노력이 필요하다.

이 책은 지금까지 약 1,000회의 강의, 약 1만 명의 상담을 통해 축적한 데이터를 근거로 정리한 관상의 지혜를 담고 있다. 부디 이 책이 독자 여러분의 의사결정에 도움을 주는 실용적이고 유용한 도구가 되길 바란다.

관상으로 운명을 풀어 보는 법

◆ 제4장 ◆

막힌 운도 술술 풀리게 만드는 관상 경영법

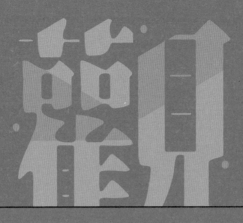

제1장

왜 높은 자리에 오를수록
관상을 보는가

모든 문제는 사람과의
인연에서 시작된다

관상학 강의를 듣는 수강생 중 유독 앳된 외모를 가진 남자가 있었다. 30대 초반에 사업을 시작한 그는 내 강좌를 반복해서 들으며 관상학에 깊은 관심을 보였다. 그는 사업이 번창할수록 인재를 알아보고 선별하는 것이 힘들다고 털어놓았다. 파트너십을 체결할 때도 비슷했다. 늘 심사숙고하지만 무엇을 근거로 판단해야 할지 기준이 잘 서지 않는다고 하였다. 꼼꼼하게 따진 후 해법을 찾기에는 사업 파트너 결정, 직원 채용, 인사 배치 등의 과제에 많은 시간을 들일 수 없으니 관상학으로 사람을 알아보는 안목을 길러 빠르고 정확한 판단을 내리고 싶다고 하였다.

현대 사회에서는 사람의 성향이나 심리뿐만 아니라 적성, 진로를 알기 위해 여러 가지 심리분석을 많이 한다. 그러나 막상 직원이나 파트너십에 문제가 발생했을 때 그것을 해결하기 위해 매번 심리 검사를 시행할 수는 없다. 그때그때 빠르게 판단해야 한다. 그럴 때 관상학은 아주 요긴한 도구가 되어 준다.

사람을 한눈에 파악한다

나이를 먹고 연륜이 쌓인 사람들, 그동안의 경험으로 어느 정도 사람 보는 눈이 있다고 생각하는 CEO들은 관상학을 접하면 그 놀라운 이치에 크게 감탄한다. 그 이유는 다음과 같다.

관상에는 그 사람이 어떤 마음으로 인생을 살아왔는지 담겨 있다. 사람의 얼굴은 생각하고 행동하는 방법에 따라 표정이 만들어지고 근육이 자리잡기 때문이다. 비슷한 맥락에서 관상으로 그 사람의 성향을 알 수 있다. 꼼꼼한지, 낙천적인지, 사교적인지 등의 성격적 특징 말이다. 그래서 우리는 다른 사람의 얼굴을 보며 그 사람의 성품과 인생사를 가늠하려 한다.

우리는 사회적 관계 속에서 서로 주고받는 영향이 대단히 크다는 것을 잘 알고 있다. 한 부서의 직원이 좋은 에너지를 품고 있으면 동료들에게도 영향을 미친다. 리더 하나가 바뀌었을 뿐인데, 늘 불평을 일삼고 수동적이던 조직이 의견 교환을 활발히 하고 능동적인 조직으로 탈바꿈되기도 한다.

기업을 대표하는 CEO들이 좋은 인재를 뽑으려 하는 것도 바로 이런 이유 때문이다. 한 사람이 다른 사람의 운명을, 조직의 운명을 바꾼다.

인재 등용과 배치에 유용하다

실제로 성공의 길을 걸어온 리더들을 인터뷰해 보면 그동안 가장 힘들어 했고 고민스러웠던 것이 바로 사람과의 인연이라고 한다. 일의 성과는 노력 여하에 달려 있지만 사람은 뜻대로 할 수 없는 존재인 것이다. 세상 모든 일은 사람으로부터 시작되는 법. 수천억을 버는 부자도, 세상 모든 것을 좌지우지할 수 있을 것 같은 권력자도 늘 사람 문제로 고민한다.

이 사람이 어떤 사람인지, 함께 일을 해도 되는지, 믿고 일을 맡겨도 되는지 혹은 이 사람이 가진 장점과 단점이 무엇인지, 어느 부서에 배치해야 능력을 살릴 수 있을지 등 인재를 경영하는 것이 가장 힘들다고 하는 것이다.

조금 더 구체적으로 이야기하자면 이렇다. 아끼는 직원을 열심히 트레이닝 시켜 인재로 만들어 놓으면 다른 곳으로 이직하거나 독립하는 경우가 있는데 이때 미리 그런 기미를 파악해서 그에 대처할 수 있으면 좋겠다고 하소연한다.

조직생활보다 프리랜서나 자유로운 업무에 적합한 사람을 내근직으로 앉혀 놓은 것은 아닌지, 밖으로 나다니기 싫어하는 사람을 외근직에 배치한 것은 아닌지, 대인업무를 힘들어하는 사람에게 상담일을 맡긴 것은 아닌지, 창의적이고 독창적인 사람에게 단순 업무를 준 것은 아닌지 등 인사 배치만큼 어려운 것이 없다.

타인을 이해하는 통찰력을 기른다

미국 노스웨스턴대 켈로그 경영대학원의 애덤 갈린스키Adam Galinsky 교수는 '사람은 권력을 가질수록 공감능력이 떨어진다'는 연구 결과를 발표하였다. 권력이 인간의 뇌와 호르몬 등 생물학적인 부분을 어떻게 변화시키는지, 즉 한마디로 '갑질의 심리학'을 파헤친 것이다. 높은 자리에 오를수록 사업가나 조직의 리더는 공감결핍장애를 겪을 위험성이 있다고 한다.

홀륭한 리더는 공감능력이 탁월한 사람이다. 다른 사람이 어떤 인생관과 가치관을 갖고 있는지, 다른 사람이 어떻게 느끼는지, 상대방이 당신에게 무엇을 원하는지를 알아차리는 능력이 바로 공감력이다.

공감력이 부족한 리더는 애매모호한 말로 지시를 내리거나 의도를 파악하기 힘든 질문을 하는 경우가 많다. 직원들은 어떻게 해야 할지 몰라 허둥거리고, 그러면 리더는 직원들이 일을 못 한다고 답답해한다. 이것은 리더가 직원들을 이해하려는 노력이 부족하기 때문에 생기는 일면이라 할 수 있다. 이럴 때 관상학은 다른 사람을 이해하는 능력을 길러 주기도 한다.

이처럼 관상학 공부는 사람을 알고자 하는 절실한 필요에 의해서 시작된다. 이 사람은 어떤 사람일까? 어떤 성향의 사람일까? 혹시 나를 배신하지는 않을까? 믿어도 되는 사람일까? 재운은 좋은 사람인가? 흑심을 품고 있는 것은 아닐까? 어떤 업무를 맡겨야 잘할 수 있을까? 조직생활에 적합한 사람인가? 창의력이 있는 사람일까? 성실한가? 이 사람의 성격을 얼굴만 보고도 알 수 있다면 얼마나 좋을까? 등의 고민이 성공한 사람들을 관상학으로 이끈다.

내 관상의 격을 높이면
인생이 달라진다

한 기업의 CEO 또는 한 조직을 이끄는 수장이 클레오파트라처럼 일자 앞머리를 했다고 생각해 보자. 그의 권위가 설 것 같은가? 기업 총수가 가수 전인권처럼 풀어헤친 파마머리를 하고 있다면 어떤 이미지로 비칠 것인가?

관상학에서 이마는 하늘의 복을 받는 마당이며 선천운先天運(타고난 운)을 상징한다. 또한 부모, 윗사람, 사장님, 직장 상사 등 나보다 나이가 많은 모든 연장자로부터 받는 복이나 혜택을 의미한다. 그래서 이마가 잘생긴 사람 중에는 조기 출세하는 사람이 많고, 윗사람 덕을 보는 경우가 많다. 이마는 뇌가 자리잡고 있는 곳으로 그 사람의 생각의 영역을 알 수 있다. 이마의 넓이만큼 생각이 미친다. 머리카락으로 이마를 덮는 사람은 숨기고 싶은 것이 있거나 머리를 쓰기보다는 본능적인 삶에 더 비중을 둔다. 지혜가 부족해 일을 해도 노력에 비해 능률이 오르지 않는다고 본다.

생각해 보라. 사람들은 대개 큰 결심을 하고 일을 시작하고자 할 때 머리를 단정하게 묶어서 흐트러지지 않게 한다. 심지어 머리를 확 밀어 버리고 산으로 들어가는 사람도 있다. 이처럼 헤어스타일은 사람의 정신 상태를 나타내기도 한다. 사회적으로 능력을 발휘하거나 큰일을 할 사람이라면 이마를 내어놓아야 생각이 깊어 보이고 권위가 선다.

실제로 관상학을 배웠던 한 젊은 CEO가 이렇게 말했다.

"이마를 시원하게 드러내 놓아야 관상학적으로 좋다는 건 알고 있었지만 헤어스타일을 바꾸는 것이 쉽지는 않았어요. 아직 젊어서 그런지 나이 들어 보인다는 선입견이 있었지요. 그런데 이마를 드러내는 스타일로 바꾸니 주변에서 신수가 훤해졌다는 말을 많이 들었어요. 거기다 도와주는 사람들도 많아졌고요. 신기해요"

기업을 대표하는 CEO, 조직을 이끄는 수장들은 회사 이미지를 위해 유능하게 보이기를 원한다. 그들은 사람들이 생각하는 것보다 이미지 관리에 훨씬 더 많은 노력과 공을 들인다. 왜냐하면 사회적 상호 관계 속에서 서로 주고받는 에너지와 이미지 영향력이 대단한 힘을 발휘하기 때문이다. CEO의 얼굴이 좋으면 그 기업체는 성공 에너지가 강하고 함께하는 사람들도 그 에너지를 함께 타게 된다. 기업체를 운영하는 일에는 많은 고뇌와 힘든 결정이 따르지만 그럼에도 불구하고 CEO의 얼굴이 좋다는 것은 스스로 마음 관리에 힘쓰고 수양하기 때문이라 볼 수 있다.

대부분의 사람들이 관상학에 관심을 갖는 계기는 남을 연구하기 위해서이다. 하지만 막상 관상학을 배우다 보면 오히려 나 자신을 컨트롤하고 마음 관리를 하는 데 더 유용하다는 것을 깨닫고 지속적으로 공부하게 된다.

즉 타인에게 비춰진 내 모습을 인지하지 못할지라도 관상학을 접할수록 자신의 마음이 얼굴을 통해 드러나고, 그것이 쌓여 내 삶의 이력이 되며, 내가 남을 읽기 전에 내 얼굴이 남에게 먼저 읽힌다는 사실을 깨닫게 되는 것이다. 그래서 관상학은 인간학, 사회학, 수양학, 처세학이라고 말하기도 한다.

리더의 에너지가 곧 조직의 에너지

내가 얼굴을 찌푸리고 언성을 높이면서 부하 직원들에게 밝은 표정으로 고객을 대하라고 할 수 없다. 아이들은 부모가 가르치는 대로 하지 않고 보이는 대로 따라 한다. 사원 교육도 이와 다를 바 없다. "윗물이 맑아야 아랫물이 맑다."라는 속담은 만고의 진리이다.

내가 가끔 가는 치과와 피부과가 있는데 두 병원의 분위기는 완전 다르다. 치과에 가면 입구에서부터 즐겁고 흥겨운 기분이 든다. 치과에 근무하는 직원들 모두 항상 표정이 밝고 목소리가 경쾌하기 때문에 병원에 들어서면서부터 기분이 좋아지기 시작한다. 그들의 친절은 가장된 것이 아니라 진정한 마음에서 우러나온다는 것을 느낄 수가 있다.

반면 피부과는 분위기가 착 가라앉아 있다. 직원들이 불친절하지는 않지만 표정이 굳어 있다. 얼굴색 또한 어둡다. 몇 년을 다녔는데도 환하게 웃는 직원을 본 적이 없다. 형식적인 웃음조차 짓지 않는다. 직원이 바뀌어도 달라진 것이 없어 궁금증이 풀릴 때까지 관심의 끈을 놓지 않고 있었다.

그러던 어느 날 의문이 풀렸다. 지인이 그 피부과에 점을 빼러 가서 의사 선생님과 상담하였다.

"얼굴에 점 빼신다고요? 해운대 바닷가에 돌멩이 몇 개 치운다고 구청장이 어디 알아주기나 한답니까?"

그러면서 의사는 언니에게 수백만 원짜리 토털케어를 권했다고 한다. 오픈할 무렵 손님이 미어터지던 그 병원은 5년이 지난 지금 대기실이 썰렁하기 이를 데 없다.

왜 그럴까? 그 원인은 조직의 리더인 의사가 손님을 상대하는 모습만 보아도 알 수 있다. 고객을 존중하지 않는 의사가 직원들에게 어떻게 대할지 굳이 상상하지 않아도 알 수 있다. 한 집안의 분위기가 밝으면 그 집 아이 또한 밝고 명랑하다. 우울한 분위기에서 자란 아이는 어딘가 모르게 어두운 구석이 있다. 아무리 밝은 에너지를 가진 사람이라도 직장 상사로부터 계속해서 무시를 당한다면 무기력해지거나 우울증에 빠지기 마련이다. 그러니 직원들의 사기나 조직 분위기는 리더의 에너지가 많이 좌우한다.

기업의 대표나 조직의 리더가 부정적인 에너지를 내뿜고 있으면 그 사무실의 분위기도 침체되어 있다. 긍정적인 에너지보다 부정적인 에너지의 파급 효과가 더 크다. 리더가 즐겁고 흥겨운 사람이면 그 사무실에는 편안하고 기분 좋은 에너지가 흐른다. 이런 회사에서 일하면 업무 능률이 오르는 것은 당연하다.

관상으로
운명을 경영하라

정해진 운명은 없다. 허리가 안 좋은 사람이라도 30대부터 체형 관리에 힘쓰고 계속 신경을 쓴다면 늙어서 허리가 꼬부라지지 않고 살 수 있다. 운명적으로 꼬부랑 할머니가 될 사람은 없다.

못난 사람은 일이 잘 풀리면 자기가 잘나서 그런 것이고, 상황이 어려워지면 운이나 운명을 탓한다. 씨를 뿌렸기 때문에 꽃이 피고 수확을 하는 법, 원인이 있으니 결과가 있는 것이다. 갑자기 성공한 사람은 없다. 누가 시키지 않아도 열심히 땅을 일구고 씨를 뿌려 '때'가 오기를 기다리면 성공에 이를 수 있다. 운도 실력이 바탕이 될 때, 준비가 되어 있을 때 틔울 수 있는 것이다.

앞서 이야기한 것처럼 자신의 관상을 들여다보는 것으로 우리는 나 자신을 깨우칠 수 있다. 성격적 특징과 장단점을 파악하고 이를 바탕으로 적성, 진로, 직업, 공부 방법, 내게 맞는 재테크 등을 분석해볼 수 있는 것이다.

이후에 자세히 관상법을 이야기하겠지만, 각각의 얼굴 부위를 보고 해당 나이대의 운기를 읽을 수 있다. 가령 눈은 35~40세의 운을 읽을 수 있는 곳인데, 눈을 통해 운기를 읽고 그 시기에 무엇을 도모하면 좋을지 또는 무엇을 조심해야 할지 가늠할 수 있다.

관상학을 알게 되면 나의 운을 어떻게 틔울지, 나의 삶을 어떻게 경영해 갈지 길이 보인다. 나의 강점을 발휘할 수 있는 일이 무엇인지, 약점이 될 수 있는 것은 무엇인지를 알면 어려움이 생겨도 쉽게 좌절하지 않을 수 있다. 긍정적인 마인드를 유지할 수 있으며 일의 능률도 높일 수 있다. 나의 약점을 보완해 줄 동료에게 도움을 청할 수도 있고, 반대로 어려움에 처한 동료에게 도움을 줄 수도 있는 것이다. 관상학은 나를 객관적으로 관조할 수 있는 계기를 제공한다. 결국 이것은 삶에 대한 태도를 완전히 바꾸어 놓을 수도 있다.

성공을 지속하기 위한 정신적 면역력을 기를 수 있다
···

한때 인기 있던 젊은 연예인들이 시간이 지나면서 왜 실패한 인생을 살게 될까? 아주 잠깐 운이 좋아 인기를 얻고 성공은 했으나 그에 알맞은 내공을 갖추지 않았기 때문에 도박이나 사기 등에 연루되어 소리 없이 사라지는 것이다. 갑자기 인기를 얻고 돈이 쏟아져 들어오니

연기를 그만두고 사업에 발을 들여놓아 망한 사람이 얼마나 많은가.

모든 연예인이 그런 것은 아니다. 부모가 훌륭한 멘토 역할을 하거나, 나만 잘살려고 하지 않고 타인을 이롭게 하거나, 봉사와 적선의 삶을 사는 사람들은 오랫동안 인기를 유지한다.

"첫 끗발이 개 끗발."이라는 말이 있다. 성공의 가도에 오를 때가 '황금 끗발'이다. 이때 처음의 기세를 잘 이어 나가려면 자기 관리가 매우 중요하다.

대표적인 사례가 맥컬리 컬킨이다. 그는 영화 〈나 홀로 집에〉 시리즈의 주인공 케빈 역을 맡아 세계적인 인기를 누렸다. 그러나 지나친 인기가 도리어 독이 되어 그의 인생은 엉망이 되었다. 아들의 인기를 이용하여 과도한 욕심을 부린 부모로 인해 맥컬린 컬킨은 온갖 악재를 겪었다. 성인이 된 그는 비쩍 마른 체형에 마약 경력으로 아역 배우 시절을 기억하는 팬들에게 큰 충격을 주었다.

갑자기 로또에 당첨된 가난한 사람이 금세 빈털터리 신세가 되는 이유도 마찬가지이다. 샐러리맨에서 시작해 차근차근 부를 이루어 나간 사람들은 그 과정에서 경험과 내공이 쌓여 세간에 떠도는 풍문에 흔들리지 않는 주관을 가지고 있다. 일확천금을 얻은 사람은 이런 노하우가 없기 때문에 갑자기 생긴 돈에 어쩔 줄 몰라 하며 돈 관리를 허술하게 하여 결국 돈을 지키지 못한다. 주제에 맞지 않는 성공과 재물은 오히려 수명을 줄어들게 하거나 그 사람을 해롭게 한다.

실제로 사업에 성공하고도 오랫동안 자신의 자리를 유지하는 사람들은 일희일비하지 않는다. 그들은 주변 사람들이 어떤 말을 해도 받아들일 수 있고, 어떤 환경도 이겨 낼 수 있을 만큼 정신적 면역력이 강하다.

정신력 면역력은 어떻게 기를 수 있을까? 오랫동안 부와 명예를 누리는 사람들은 한순간도 공부를 게을리하지 않는다. 늘 자신을 되돌아보고 타인과 세상을 이해하는 내공을 쌓기 위해 노력한다. 이럴 때도 관상학은 유용하다. 자신과 자신의 삶을 점검하는 기준이 되어 주기 때문이다.

사업이 상승세를 이어 나갈 때, 그 지위와 위치에 걸맞는 정신적 내공을 채우고 단련하면 정신적 에너지가 고갈되는 번아웃 증후군은 만날 일 없을 것이다.

사람 보는 안목을
기르기 어려운 이유

직관력이란 어떤 일을 할 때 판단이나 추리와 같은 사유 작용을 거치지 않고 대상을 직접적으로 파악할 수 있는 능력을 말한다. 사람을 만났을 때 군이 대화를 하지 않아도 어떤 사람인지 알아차리는 것은 그 사람의 세밀한 얼굴 표정과 몸짓 하나하나를 이미 읽었기 때문이다.

인재를 소중히 해야 한다는 말은 누구나 잘 알고 있다. 기업의 CEO나 관리자 중에는 많은 경험을 하고 시행착오를 겪으면서 나름대로 안목이 생겼다는 이들도 많다. 사실 사회생활의 경력이 어느 정도 쌓이면 누구나 자신의 경험을 근거로 자신만의 사람 보는 안목을 갖는다. 경험이 많은 사람이라면 당연히 사람 보는 안목이 그렇지 않은 사람보다 뛰어날 가능성이 높다. 하지만 언제나 자신의 직관이 옳은 것은 아니다. 직관력은 과거 개인의 경험이 축적된 것이므로 주관적인 것을 배제할 수 없기 때문이다.

공자와 제갈량도 사람 보는 일에서 어려움을 겪었다고 한다. 왜 그런 일들이 벌어질까?

중국 위나라 조조의 인사 참모였던 유소의 《인물지》를 보면 자신의 기준으로 사람을 평가할 때 생기는 오류를 지적하고 있다.

"사람을 알아보는 일은 대단히 어려운 것인데도, 사람들은 모두 자신이 사람을 잘 알아볼 수 있다고 생각한다. 그러나 다른 사람이 관찰한 내용을 보고는 그가 사람 볼 줄을 모른다고 생각한다. 왜 그럴까? 사람들은 자신과 같은 유형인 사람의 장점은 쉽게 알아보지만, 종종 자신과 다른 기량을 가진 사람의 장점은 놓쳐 버리기 때문이다."

사람은 끼리끼리 만난다. 비슷한 기운끼리 서로 끌어당기기 때문이다. 어떤 면에서는 그릇이 비슷한 사람끼리 어울린다고도 표현할 수 있다. 대학생의 눈으로 초등학생이 하는 짓을 보면 곧 무엇을 할지 빤히 보인다. 초등학생은 대학생이 하는 행동을 보고 그의 의중을 파악하기 힘들다.

저마다 그릇의 크기가 있다. 그릇이 큰 사람은 그릇이 작은 사람을 금방 알아보지만 그릇이 작은 사람은 그릇이 큰 사람을 알아볼 수가 없다. 실력 있는 사람에게 사주 상담을 받아도 사주풀이가 잘 들어맞는 사람이 있고 안 맞는 사람이 있다. 그 이유는 상담가와 내담자의 그릇 크기가 다르기 때문이다. 상담가가 내담자보다 그릇이 커야 상담을 잘해 줄 수 있다. 상담가보다 내담자의 그릇이 크면 그 상담가는 내담자를 제대로 상담해 줄 수 없다. 이런 원리로 같은 역술가에게 사주 상담을 받아도 나는 잘 맞는데 다른 사람은 잘 안 맞다고 하는 것이다. 물론 상담가의 실력이 있다는 전제하에서 말이다. 이런 사실을 간과하고 사람들은 '누가 잘 보네, 누가 못 보네' 한다.

생활 수준이 낮고 개인적인 문젯거리가 많은 사람은 어디를 가도 사주가 잘 맞는다고 한다. 그런 사람들은 사는 데 문제가 많기 때문에 상담가가 그가 고민하는 문제를 한두 개만 맞혀도 잘 맞춘다고 한다. 반면 사는 데 별문제가 없는데 친구 따라갔다가 호기심에 사주를 본 사람은 사주풀이가 별로 맞지 않다고 한다. 그는 현재 고민거리가 크게 없는 사람이기 때문이다.

인재를 알아보는 원리도 비슷하다. 내 수준이 낮으면 사람 보는 눈도 낮다. 그러니 인재를 알아보는 안목을 키우려면 본인의 역량을 키워야 한다. 내 기준으로만 다른 사람을 판단하고 결정한다면 발전 가능성이 없다. 인재를 추천하고 등용하는 것도 마찬가지이다. 나와 비슷한 사람을 좋아하고 그에게 마음이 가는 것은 인지상정이지만 CEO의 부족한 면을 채워 줄 수 있는 인재도 필요한 법이다.

나의 시각으로만 타인을 본다면 발전이 없다. 관상학이란 도구를 통해 객관적으로 바라볼 수 있는 역량을 키워 보자. 자기 자신을 잘 안다고 생각하지만 남의 눈에 보이는 것이 나에게는 안 보일 수도 있다.

관상은 어디에서
시작되었을까

관상의 한자는 볼 관觀, 서로 상相이다. 중국에서 가장 오래된 자전字典 《설문해자》에 따르면 관觀은 세밀하게 조사하여 살펴보는 것이라고 하였으며, 육안으로 보이는 견見의 차원을 초월하여 심안心眼으로 본다는 의미를 담고 있다고 한다.

상相은 木(나무 목)과 目(눈 목)이 합쳐진 글자로 눈으로 나무를 살펴보는 것이다. 싹이 트기 시작해 성목으로 자랄 때까지 겉으로 보이는 나무의 외형을 통해 드러나지 않은 나무의 속성까지 관찰할 수 있다는 것을 의미한다.

관觀이 내면을 세밀히 들여다보는 것이라면, 상相은 내면의 기운이 외부로 드러난 구체적인 형상을 본다. 고로 외부의 형상을 보고 그 내면의 상태를 파악하는 것이 관상인 것이다.

실제로 사람이 목소리만 들으며 상대와 대화할 때는 상대의 말을 약 23퍼센트만 이해할 수 있지만, 얼굴을 마주하고 이야기를 할 때는 상대방의 말을 약 65퍼센트 이상 알아들을 수 있다고 한다. 관상이 상대를 파악하는 데 필요한, 아주 결정적인 정보라는 것을 알 수 있는 대목이다.

가장 오래된 생존법

관상은 원시 시대부터 보기 시작하였다. 사냥을 잘하고 좋은 기회를 잡기 위해서는 살아있는 것부터 각종 사물까지 주변에 있는 모든 것을 잘 살펴야 했다. 다른 부족민을 만났을 때 짧은 시간 안에 상대방이 가진 능력이나 힘을 파악하고 우호적 혹은 적대적 입장 중에서 어떤 입장을 취할 것인지 판단해야 하는 것이다. 위험한 동물을 만났을 때도 비슷하다. 동물의 눈빛만 보고 배가 부른지 또는 배가 고픈지를 순간적으로 판단해야 했다. 겉으로 드러난 모습을 보고 보이지 않는 의도와 욕구를 읽고 해석하는 것은 인간 생존에 꼭 필요한 능력이었다.

이처럼 위험으로부터 삶을 보호하고 살아남기 위해 '관상'을 잘 보아야 하는 데서 관상학이 시작되었다.

오늘날에도 유효한 판단 기술

관상이 아주 오래전 과거에만 유용했던 것은 아니다. 연세대학교 설혜심 교수는 "타인을 주시한다는 것은 사회적 관계 속에 상당한 긴장이 내재되어 있음."을 의미한다고 말한다. 넓은 의미로 보면 관상, 상대를 읽고자 하는 행위는 사회적 관계 속에서 자신을 지키려는 것이라 볼 수 있다.

독일의 철학자 칸트 역시 《실용적 관점에서 본 인간학》이란 책에서 "관상학은 사람의 외면으로부터 그의 내면을, 그것이 성향이든 심술이든, 판정하는 기술이다."라고 정의했고, 이에 대해 《철학 연습》의 저자 서동욱은 관상을 보고 점을 치고 우리의 운명을 엿보려는 것은 바로 우리의 '공포' 때문이라고 서술하였다. 그렇다. 관상은 생존을 위해 필사적으로 관찰하고 살펴야 하는 것에서 시작되었으니 일맥상통하는 말이다.

원시 시대나 지금이나 먹고살기 위해서 상대를 살피고 관찰해야 한다. 인류사가 21세기로 접어들었지만 원시 시대의 적자생존과 약육강식의 논리는 여전히 유효하다. 인간의 지혜가 발달함에 따라 정치, 경제, 전쟁이라는 형태로 변형되어 내려져 왔을 뿐이다. "적을 알고 나를 알라.", "정보를 중시하고 상황 변화에 임기응변할 줄 알아라." 등 손자병법의 가르침은 시대가 아무리 바뀌어도 필요한 전략이다. 누군가의 얼굴을 보고 상대를 파악한다는 것은 자신을 방어하는 동시에 누군가를 공격할 수도 있는 강력한 도구가 될 수 있는 것이다.

누구나 관상을 볼 수 있다

한 사람의 관상을 본다는 것은 그 사람이 가진 바탕 에너지와 현재 그 사람에게 흐르고 있는 에너지를 관찰하는 것이다. 내부의 에너지가 밖으로 분출된 모양이 관상이기 때문이다. 그 에너지는 얼굴의 형상, 타고난 골격, 피부색과 두께, 이목구비의 크기와 위치 등과 더불어 목소리, 언어, 태도, 몸짓 등을 보고 읽는다.

'에너지를 읽는다', '관상을 본다'고 해서 마치 전문가만이 제대로 된 해석을 할 수 있는 것은 아니다. 관상을 보는 행위는 아주 오래전부터 자연스럽게 행해져 왔다.

이를테면, 우리는 많은 돈을 움직이는 사람을 '큰손'이라 부른다. 큰손이 작은 손보다 한꺼번에 많은 것을 집을 수 있기 때문이다. 그런데 관상학적으로도 큰손은 많은 재물을 움직일 수 있다고 본다. 뼈대가 굵고 살집이 두툼한 사람은 건강하고 책임감이 강하고 인정이 많기 때문이다.

사자는 백수의 왕이다. 수컷은 머리가 크고 갈기가 발달해 있다. 인간의 세계도 마찬가지이다. 관상학적으로도 머리가 크면 리더의 기질이 있다고 본다.

기린의 눈은 크고 튀어나온 형상을 하고 있다. 풀을 뜯어 먹으면서도 주변을 살펴 위험이 감지됐을 때 빨리 도망가기 위해서이다. 어떤 사람의 눈이 기린과 같으면 그는 적극적이고 활달하면서도 다소 성급한 성향을 지니고 있다고 본다.

코가 발달하고 주둥이가 튀어나온 개는 한번 문 것을 잘 놓지 않고 냄새를 잘 맡는다. 관상학에서 코가 발달한 사람은 재물운이 좋다고 보는데, 남보다 돈 냄새를 잘 맡고 한번 목표로 삼으면 반드시 쟁취한다고 보기 때문이다. 관상의 원리는 멀리 있는 것이 아니다. 우주 자연의 이치가 우리 몸과 얼굴에 녹아 있다.

관상학의
발전

근래 들어, 관상학은 사회학의 한 분야로 발전하기 시작하였다. 외형을 통해 개인의 운명을 점치던 것에서 인간의 성격과 심성을 연결한 학문으로 발전했다. 단순히 몇 가지 잠재능력과 동물적 기본 욕구만을 가지고 태어난 인간은 다른 사람과 더불어 살아가는 동안 그 사회의 문화를 학습하면서 원만한 사회적 존재로 변해 가는 과정을 겪는다. 우리는 이런 사회화 과정을 통해 타고난 기질이나 성향이 조금씩 다듬어지고 변모해 간다.

과거의 관상학은 '좋다 혹은 나쁘다'라는 이분법적 논리로 사람을 평가했다. 사람들은 관상이 나쁘다고 하면 자포자기해 버리고, 반대로 관상이 좋다고 하면 자만하는 경향이 있었다. 관상을 보는 사람이 '너는 관상이 좋아 잘 먹고 잘살 것이다'라고 하면 노력하지 않아도 잘살 거라고 생각하고, '관상이 나쁘다'라고 하면 '아무리 노력해도 소용없겠네'라고 생각하는 것이 일반적이었다. 직업이 다양하지 않았던 사농공상의 시대에는 선택의 폭이 좁아 아무리 노력해도 내가 뻗어 나갈 수 있는 영역이 한정되어 있었다.

고전 관상서에는 입이 튀어나오면 복이 없고 지지리 가난하다고 해석한다. 입이 나왔다는 것은 먹고 마시고 말하는 입의 기능이 발달했다는 것이다. 입이 튀어나온 사람은 말을 잘하고, 말이 많으며, 말을 많이 하는 직업을 가지면 능력을 발휘할 수 있다. 과거에는 뛰어난 말재주가 있어도 제대로 쓸 데가 없었지만 요즘은 유튜브와 같은 1인 방송을 통해서도 충분히 돈을 많이 벌 수 있는 시대가 되었다.

《바람의 딸, 걸어서 지구 세 바퀴 반》, 《지도 밖으로 행군하라》의 저자인 한비야는 6년간 60여 개국을 여행하였다고 한다. 그런 저력은 그녀의 잘생긴 관골에서 나온다. 코와 나란히 위치한 관골은 추진력, 실천력, 적극성, 독립성, 주체성 등을 상징한다.

과거에는 여자가 관골이 발달하면 남자복이 없다고 하였다. 여성의 사회생활이 제한적이었던 시절, 주체적이고 적극적인 여성은 집안 살림만 하기에는 에너지가 넘치니 남자가 하는 일을 도맡아 하거나 장삿길에 나서기도 했기 때문에 남자복이 없다는 말을 들었다. 그러나 현대 사회에서 적극적인 성향은 사회생활을 하는 데 매우 유리하다. 자신이 하고 싶은 일을 찾아서 하고, 남이 못하는 일도 꿋꿋하게 실천하기 때문에 대단한 능력을 가졌다고 인정을 받는다.

지금은 남녀노소를 떠나 주체적인 역량을 강조하는 시대가 되었다.

관상학도 시대의 흐름에 따라 해석을 달리할 필요성이 있으며, 융통성 있는 다양한 관점이 요구되고 있다. 과거에는 '너는 그렇게 생겨 먹었으니 그렇게 살 것이다'가 관상을 보는 주안점이었다면 현재는 '내가 어떤 마음을 가지고 사느냐에 따라 얼굴 근육이 자리잡고 얼굴이 변한다'라는 것으로 점차 관상을 보는 관점이 변하고 있다. 다시 말해 과거 관상학의 수동적 운명론에서 탈피하여, 자신의 마음과 생각을 잘 다스리면 타고난 상도 변모할 수 있고, 사회적 관계까지 개선할 수 있다는 미래지향적인 학문으로 발전하고 있는 것이다.

관상을 보는 다양한 관점

관상을 보는 방식은 두 가지 측면에서 풀이할 수 있다. 첫째는 예언적 관상인데, 대부분 길흉화복이나 운명론에 초점이 맞추어져 있다. 어떤 사람을 보고 '결혼은 늦게 하라. 그렇지 않으면 이혼한다', '남편이 바람난다'라고 말하는 것이 관상의 예언적 접근 방식이다. 현대 사회는 직업이 다양하여 자연스럽게 주말부부로 생활하는 사람도 많고, 결혼도 늦게 하는 추세이므로 이런 조언은 잘 맞지 않다.

둘째는 성격분석적 관상인데, 얼굴 생김새에 따른 과학적 분석을 통하여 그 사람의 성격을 읽고 적성, 직업, 건강 등을 파악하는 것이다. 이런 방식은 살아온 삶의 흔적이 나타나는 현재의 얼굴을 보고 상태를 파악한다. 이를 바탕으로 현재의 생각과 성품이 영향을 끼치게 되는 미래를 유추하는 데 도움이 될 지식과 정보들을 읽어 낸다. 성격분석적 관상은 '결혼을 늦게 하지 않으면 이혼한다'라고 예언하는 것이 아니라 '주체성과 자기중심적인 성격이 강하므로 남자를 사귀면 상대를 배려하는 심성을 길러야 좋다' 또는 '순종적이고 가정적인 성향이 아니므로 집안일보다는 사회활동에 더 최적화되어 있어 남자에게 의지하기보다는 주체적인 삶을 사는 것이 더 좋다'라고 조언하는 방식이다.

이처럼 요즘은 성격분석적 관상 방식으로 기울고 있는 추세이다. 사람의 건강과 체질, 성격 등이 얼굴에 나타난다는 것은 오랜 경험을 통해 밝혀진 의학적이고 과학적인 사실이다. 이런 특징에 의해 미래의 모습이 결정된다는 사실 또한 지극히 자연스러운 논리이다.

관상과 사주,
무엇이 다를까

관상이나 사주 전문가들이 관상이나 사주를 보면 개인의 모든 것을 다 읽어 낼 수 있다고 오해하는 사람이 많다. 관상만 보고 그 사람의 모든 것을 읽을 수 없고, 사주만 보고도 한 사람의 운명을 파노라마처럼 다 알 수는 없다.

일란성 쌍둥이도, 같은 사주팔자四柱八字를 가진 사람도 각각 다른 인생을 산다. 개인의 운명을 좌우하는 변수는 여러 가지가 있다. 첫 번째 대표적인 것이 사주팔자이다. 사주의 주柱는 기둥이라는 뜻으로 연, 월, 일, 시 네 개의 기둥을 말하며, 팔자는 이 사주가 여덟 글자로 구성되어 있다는 것을 뜻한다. 사주 명리학은 한 사람의 생년·월·일·시 네 가지 정보를 이용하여 나무·불·물·쇠·흙 등 다섯 가지 기운의 상생·상극 관계를 따져 길흉화복을 판단하고, 음양과 오행의 배합을 보고, 그 사람의 부귀·빈천, 부모·형제·배우자·자식 등 육친관계, 건강, 직업, 성공, 길흉 등의 제반 사항을 판단한다.

그런 점에서 사주는 성격, 건강, 운세 등이 담긴 운명의 설계도면에 비유할 수 있다. 한 개인의 운로運路에서 최고와 최악의 상황을 분석해 가장 효율적인 선택이 무엇인지 가늠할 수 있다. 예를 들어 지금 40층짜리 건물을 짓고 사는 사람이 있는데, 사주를 살펴보니 100층 빌딩을 지을 수 있는 팔자를 타고났다면 70층까지 건물을 세우는 것도 선택해 볼 수 있는 것이다.

그렇다고 삼성의 이부진과 사주가 같은 사람들은 모두 잘살 것이라 단언해서는 안 된다. 같은 때에 뿌려진 민들레 씨앗이라고 해도 그 씨앗이 양지바른 곳에 뿌리를 내린 것과 응달진 곳에 자리잡은 것은 생육 조건 자체가 다르다. 이것이 부모의 환경이다. 비가 오고 폭풍이 치더라도 양지바른 곳은 금방 물기가 마르고 햇볕이 따사롭게 비추지만 응달은 물기가 마르기에 시간이 더디 걸리는 법. 이부진과 같은 사주여도 개인의 처해 있는 환경에 따라 누구는 수천억을 벌고도 모자라 안타까워하고 누구는 백만 원을 벌고도 기뻐하는 삶을 산다.

두 번째 대표적인 운명 변수는 관상이다. 관상은 다른 의미로 부모에게서 부여받은 유전자인 DNA 결합의 산물이다. 사람마다 얼굴이 달라 보이는 것은 이목구비의 위치를 결정하는 DNA 정보가 다르기 때문이다. 비슷한 얼굴형이라고 해도 눈, 코, 입, 귀의 위치가 조금만 달라져도 전혀 다른 얼굴이 된다. 그렇다면 사주라는 설계도면이 같은데 관상이 다르면 인생에 어떤 차이가 있을까?

예를 들어, 같은 사주를 가진 A와 B의 부모가 다르다고 가정해 보자. A는 이마가 넓고 잘생겼고, B는 이마가 좁고 울퉁불퉁하다면 A는 B보다 부모나 주변 사람들의 혜택으로 일찌감치 성공할 가능성이 크다. 이마가 좋다는 것은 15~30세 사이 부모운, 학업운, 합격운, 직업운, 재물운 등이 원만하여 조기에 목적한 바를 달성할 가능성이 높다고 해석한다.

관상은 그 사람이 현재 가지고 있는 에너지를 본다. 내면의 에너지가 밖으로 드러난 것을 보고 상대가 어떤 상태인지를 유추한다. 지속적으로 스트레스를 받으면 오장육부에 영향을 주어 얼굴색이 어두워지고, 일이 잘 풀리지 않거나 힘들면 속이 타고 입안이 마르고 입술이 갈라진다. 하는 일이 잘되면 얼굴 탄력이 좋고 윤기가 난다. 썩은 동태 눈처럼 흐리멍덩한 눈에 힘이 없다면 정신 상태가 올바르지 않아 매사 막힘이 많다.

관상은 이런 여러 가지 사정과 외형을 통해 현재 처해 있는 삶과 가까운 미래의 운세를 읽어 낸다. 사주는 변하지 않지만 관상은 삶의 변화에 따라 끊임없이 바뀐다. 운명은 고정되고 정해진 것이 아닌 것이다.

세 번째 변수는 환경이다. 9차 이산가족 상봉에서 57년 만에 만난 쌍둥이 형제는 어릴 적 서로 구분하기 힘들 정도로 똑같았지만 세월의 흐름만큼 얼굴이 달라졌다고 한다. 부모가 같고, 사주가 같아도 환경에 따라 운명이 크게 달라지는 것이다. 국가적 환경, 시대적 환경, 지역적 환경, 부모의 환경 즉 부모의 직업과 부富의 정도, 부모의 교육 수준, 부모의 소셜 네트워크 등은 자녀의 운명에 많은 영향을 끼친다.

스티브 잡스가 우리나라 조선 시대에 태어났다면 어땠을까? 미국의 실리콘밸리와 같은 최첨단 환경이 없었을 것이고 교육 환경도 달라 사고 체계 또한 달라졌을 것이다. 환경적인 동기 부여에 따라 인생의 목표와 지향점이 달라지니 같은 사주라도 전혀 다른 삶을 살게 될 것이다.

그 외에도 배우자 인연, 조상의 음덕, 집안 내력 등 보이지 않는 변수가 한 사람의 운명에 작용한다.

이렇듯 개인의 운명에 영향을 끼치는 요소는 다양하다. 그중에서도 관상은 마음 관리에 따라 바꿀 수 있으므로 적극적으로 스스로의 운명을 개척하고 싶은 사람에게 적합하다.

관상은 어떻게 만들어지는가 1
_ 뇌와 호르몬

식물에는 뇌가 없다. 식물은 한곳에 뿌리를 내리고 광합성 작용에 의해 햇빛을 에너지로 만들 수 있기 때문에 움직일 필요가 없다. 반면 동물은 그런 능력이 없어 먹이를 구하기 위해 부지런히 움직이다 보니 근육이 발달하고 근육을 움직이도록 해주는 신경계가 발달하였다.

이 신경계를 이루는 조직이 모여서 동물의 뇌가 생겨났다. 거친 자연계에서 살아남기 위해 만들어 낸 도구가 바로 뇌이다.

뇌는 사람을 가장 사람답게 만드는 중요한 기관이다. 보이지 않은 인체 기관이지만 우리의 생존과 생활에 기본을 이루게 하는 결정적인 부분이다.

외부 자극이 있을 때, 우리 몸의 세포는 자극 정보를 신경망을 통해 뇌에 전달한다. 뇌는 다시 신경망을 통해 내장 기관, 골조직, 근육조직

등이 움직이도록 정보를 전달한다. 맛있는 냄새를 맡게 되면 식욕이 일고, 차가운 얼음물이 갑자기 피부에 닿게 되면 무의식적으로 몸을 피한다. 인체에서 발현되는 모든 일은 뇌와 연결되어 있다고 볼 수 있다.

상을 만드는 호르몬

뇌는 호르몬 분비와 오장육부의 움직임에도 관여한다. 이는 다시 척추와 얼굴뼈에 영향을 주고, 하나의 상을 만든다. 뇌의 신경전달 신호체계에 따라 근육에 접해 있는 근막이 작용하여 상을 만들어 내는 것이다.

얼굴의 형태를 구성하는 근본적 요소는 그 사람의 골상骨相이다. 골상과 얼굴 근육으로 특징적인 얼굴 이미지가 형성된다. 뼈의 구조, 근육, 피부 밑에 있는 연골 등에 의해 각진 턱, 높은 코, 큰 입과 같은 자기만의 얼굴 특징이 생긴다. 이러한 개인의 얼굴 특징에 관여하는 화학적 요소로는 성호르몬인 테스토스테론과 에스트로겐이 있다. 테스토스테론과 에스트로겐은 남자는 남자답게, 여자는 여자답게 만드는 성호르몬으로 얼굴, 체형, 성격, 재능 등의 발달에 중요한 역할을 한다.

성호르몬은 얼굴 생김새에 많은 영향을 미친다. 남성의 테스토스테론은 얼굴에 있는 뼈의 성장을 촉진하여 광대뼈와 턱뼈를 발달시켜 얼굴을 크게 만든다. 테스토스테론 분비가 많은 남성은 눈썹이 굵고 짙으면서 일직선이며, 눈썹 끝부분이 각이 지며 꺾여 있다. 눈은 작으면서도 위로 찢어지는 듯한 느낌을 주며, 코끝이 밑으로 길게 내려와 서 콧구멍이 잘 보이지 않고 콧방울이 크다. 입술은 얇은데 특히 윗입 술이 얇아서 거의 없는 듯하며, 광대뼈는 상하좌우로 솟아올라 있고, 아래턱은 넓고 길면서도 앞으로 돌출되어 있다.

강호동, 추성훈, 차인표의 얼굴을 살펴보자. 이들은 왕성하게 분비 된 테스토스테론의 영향으로 광대뼈와 턱뼈가 발달해 있으며 얼굴이 큼직하다. 또 키가 크고 어깨가 넓고 근육이 발달해 있다. 이런 사람들 은 감정 표현이 직설적이다. 상대방을 배려하기보다 자신의 뜻을 이 루는 데 더 중점을 두므로 경쟁심이 강하고 호전적이다. 자수성가형 이 많고 어떤 상황에서도 자신에게 유리한 방향으로 이끌어 갈 수 있 는 주도적인 삶을 살아간다.

에스트로겐은 테스토스테론과 반대로 뼈의 성장을 억제한다. 그 결 과 에스트로겐이 분비되는 여성은 턱과 턱 끝이 좁고, 눈 위의 튀어나 온 뼈(눈썹뼈)도 남자처럼 심하게 발달하지 않아 눈이 커 보인다.

에스트로겐 수치가 높은 여성의 경우, 눈썹은 가늘고 짙으면서 부 드러운 곡선을 지니고 있으며 눈이 크다. 눈이 작더라도 눈매가 부드 러우면서도 애교스러운 느낌을 준다. 코는 작으면서도 코끝이 살짝 들려서 콧구멍이 드러나 보이며, 입술은 도톰하면서 약간 벌어진 듯 한 느낌을 준다. 광대뼈는 뼈가 거의 드러나지 않고 도톰한 살이 부드 럽게 감싸고 있으며, 턱은 갸름하면서 끝이 뾰족해 여성스러운 면이 부각된다. 에스트로겐은 얼굴과 성격을 여성스럽게 만들 뿐만 아니라 아이를 기르고, 요리나 바느질 같은 가정 살림에 재미를 느끼게 만든다. 친화력이 높아 다른 사람의 말을 잘 믿고, 솔직하고, 협조적이고, 겸손하며 동정심이 많다.

김태희는 에스트로겐이 높으면서 테스토스테론이 낮은 편에 속한다. 그녀는 피부가 부드럽고 마음 또한 부드럽다. 에스트로겐은 피하 지방을 저장함으로써 신체 그리고 감정과 행동에도 어느 정도 너그러움과 부드러움을 만들어 내는 특징이 있다. 겉모습만 보면 얌전하고 순진해 보이지만 이런 타입의 여성들은 어느 정도 내숭이 있는 편이다.

남녀 모두 테스토스테론과 에스트로겐의 수치가 많고 적음에 따라 얼굴 형태가 달라진다. 남자다운 남자, 여자 같은 남자, 여자다운 여자, 남자 같은 여자 등 네 가지로 분류하면 얼굴 각 부위 특징에 따라 성격적 특징이 다르게 나타난다.

예를 들면, 테스토스테론이 보통 여성보다 많이 분비되는 여성의 얼굴은 도드라진 광대뼈, 각진 턱, 높은 코 등의 특징을 갖고 있다. 성격 또한 부드럽고 소극적이며 수동적이기보다는 활동적이며 주체성이 강하고 배짱이 좋고 의리가 있는 등 남성다운 성향이 나타난다. 따라서 이런 여성들은 에스트로겐의 특징이 전반적으로 나타나면서도 테스토스테론의 특징이 한두 가지 섞여 있어 겉모습은 여성스러운데 뜻밖의 남성적인 성향의 털털한 성격을 가지고 있다.

이효리는 에스트로겐 수치가 높으면서 테스토스테론 수치 또한 살짝 높은 형에 속한다. 외모는 여성스럽고 부드러워 보이지만 성격이 털털하고 솔직하다.

남성호르몬인 테스토스테론은 피부색을 검게 만들기 때문에 남자의 타고난 피부색이 검은 것은 당연하다. 한국인 기준으로 피부색이 검은 여성은 테스토스테론 수치가 높은 여성이라고 볼 수 있다. 테스토스테론이 많이 분비되는 여성은 어릴 때부터 소꿉놀이, 고무줄놀이보다 전쟁놀이, 야구, 축구 등을 좋아하고 고무줄 끊으러 온 남자애들을 혼내 주는 역할을 주로 한다. 결혼을 하고서도 가정주부로 살기보다는 밖에서 일을 하거나 남성들이 많은 직종에서 일을 한다. 또한 자신의 일에 성공하는 사람이 많다.

테스토스테론이 높은 사람은 자기 확신이 강하며, 다른 사람의 비난이나 어떤 어려움에도 굴복하지 않고 자신의 뜻대로 살아간다. 이러한 강한 성격을 가진 남성들은 역사에 위대한 족적을 남기는 경우가 많다. 세계의 역사는 사실상 테스토스테론이 높은 남성들에 의해 만들어진 것이나 다름없다. 어떤 일을 할 때 주저하며 소극적으로 행동하는 사람과 마음먹으면 목숨까지 거는 사람이 얻을 수 있는 결과물은 큰 차이가 날 수밖에 없다. 바로 이런 차이가 테스토스테론 수치가 높은 남성과 낮은 남성의 살아가는 모습이 달라지게 만드는 원인 중 하나이다.

테스토스테론 수치가 높은 사람의 장점은 곧 단점이 되기도 한다. 다른 사람의 충고를 귀 기울여 듣지 않으며 다른 사람에게 감동하거나 감화되지 않는다. 간혹 잘못된 길을 독불장군처럼 가기도 한다.

테스토스테론과 에스트로겐의 농도에 따라 얼굴 생김새의 특징이 각각 다르게 나타난다. 관상을 보고 사람의 성격을 읽는다는 것은 이렇게 확실한 과학적 근거를 바탕으로 한다. 얼굴을 보고 개인의 운명을 점치던 시대는 지나갔다. 우리 얼굴에 나타난 성격을 읽는 것은 두루뭉술하게 '코에 걸면 코걸이 귀에 걸면 귀걸이'인 식으로 형성된 것이 아니다.

관상은 어떻게 만들어지는가 2
– 생각과 마음

레오나르도 다빈치의 〈최후의 만찬〉 그림에 나오는 예수와 유다의 모델은 환경에 따라 어떤 언행을 하고 살았는지 알 수 있는 대표적인 예라고 할 수 있다. 다빈치는 밝고 순수한 미소년을 보고 감탄한 나머지 예수의 모델로 기용했다. 세월이 흐른 뒤 다른 인물들은 다 그렸는데 유다의 모델을 찾지 못해 미완성 그림으로 방치해 두었다. 어느 날 길거리에서 술주정뱅이를 보았는데 추악한 차림새에 기분 나쁜 얼굴 표정까지 악인의 모습을 그대로 갖추고 있어서 유다의 모델로 기용하였다. 나중에 술주정뱅이가 고백하기를 "어린 시절 예수의 모델을 한 사람이 바로 자신."이라고 하였다. 이처럼 타고난 상이 좋다 하더라도 무절제한 삶을 살게 되면 선인의 얼굴이 악인의 얼굴로 변할 수 있다. 고전 관상서에서도 "좋은 일이 생기면 얼굴에 생기가 넘치고, 부끄러운 일을 겪으면 얼굴이 붉어진다. 화가 나면 '얼굴에 짜증스러운 표정을 짓는다. 이것은 무형의 마음이 유형의 표정으로 나타나는 것이다.' 라고 하였다.

타고난 기본 골격과 근육은 그 사람이 타고난 바탕 에너지이다. 그 외에 자주 쓰는 표정 근육이나 피부 등은 내가 어떻게 살아가느냐에 따라 달라진다. 생긴 대로 살기도 하고 사는 대로 생기기도 한다. 관상 학에서는 타고난 것은 30퍼센트, 노력으로 바꿀 수 있는 것은 70퍼센트로 본다. 그러니 상이라는 것이 달라질 수 있는 소지가 얼마나 많단 말인가. 10년 전에 그렇게 귀티 나게 보이던 상도 자기 절제 없이 동물적 욕구대로 살면 천하게 변한다.

친구를 사귈 때나 비즈니스 관계를 맺을 때 대부분 상대방이 어떤 사람인지 알아보려고 한다. CEO라면 직원을 뽑을 때 지원자가 성실한 사람인지, 대인관계가 좋은 사람인지, 활동적인 사람인지 등 부서에 필요로 하는 사람인지를 꼼꼼히 따져 보게 된다. 사업의 성공과 개인의 행복이 걸린 문제이기 때문이다. 관상을 보면 상대가 긍정적인 에너지가 많은지, 부정적인 에너지가 많은지 알 수 있으며 가까운 미래까지도 읽어 낼 수 있다.

그러므로 내가 남에게 보이는 이미지를 관리할 필요가 있다. 늘 사람들은 상대를 먼저 파악하려고 하지만 자신이 먼저 파악당한다는 것을 간과하고 있다. 사업상 만난 사람과 협상이 결렬됐다면 상대에게서 문제를 찾기보다 먼저 그 사람이 왜 나를 다시 찾지 않는지를 고민해 볼 필요가 있다. 내가 그 사람에게 신뢰를 주지 못했기 때문이다.

직관력이 있는 사람은 상대방이 현재 별 볼 일 없어 보여도 그 사람의 인상 즉 태도, 자세, 가치관, 목소리, 얼굴 표정 등을 통해 가능성을 알아본다.

'얼굴'은 얼(영혼)이 들어오고 나가는 굴(통로)이다. 어른은 '얼이 큰 사람'이고, 어린이는 '얼이 이른 사람'이며, 어리석은 이는 '얼이 썩은 사람'이다. 사람의 얼굴은 영혼이 나갔다 들어왔다 하기에 변화무쌍하다. 표정과 감정은 불가분의 관계이다. 얼이 제대로 박혀 있는지, 빠져 있는지, 불안한지, 편안한지 얼굴 표정을 통해 감정을 알 수 있다.

얼굴을 관리한다는 것은 마음을 관리하는 것이다. 마음은 몸의 주인이다. 마음이 비뚤어지면 몸도 비뚤어진다. 매일 남의 흉을 보면서 입을 삐죽거리면 진짜로 입이 비뚤어진다. 무언가가 내 마음대로 되지 않을 때는 숨이 고르게 쉬어지지 않고 가슴이 갑갑해지면서 급기야 속이 상하게 된다. 속상한 마음은 얼굴을 어둡게 하고 칙칙하게 만든다. 봄, 여름 없는 가을은 없다. 밤을 따려면 봄과 여름이 지나가기를 기다려야 한다. 여름에 밤을 따지 못한다고 조급해하지 말고 안 되는 것은 빨리 포기해야 좌절하지 않는다. 다 때가 있다. 그것을 받아들이고 인정하면 마음 관리가 한결 쉬워진다.

관상, 동양에만
있던 것이 아니다

서양 역사에도 관상은 오래전부터 관행으로 존재해 왔다. 그리스 시대에 이르러 아리스토텔레스, 플라톤을 비롯한 그리스의 자연철학자들은 인간과 동물을 대비시키며 관상학의 원칙을 세우고 방법을 제시하였다. 이러한 원칙에 따라 인간의 성격을 추론하는 해석의 토대를 마련하였다.

아리스토텔레스를 출발점으로 하는 성격분석적 관상학은 정신과 육체를 하나로 보는 관점으로, 동물과 인간을 비교하여 신체의 특성과 성품을 추론하고, 다양한 표정을 통해 그것이 의미하는 감정이나 감성을 찾는 것이다. 이 방식은 16세기에 이르기까지 절대적인 관상학 연구의 기틀을 세우게 되었다.

설혜심이 쓴 《서양의 관상학 그 긴 그림자》(한길사, 2002)에는 다음과 같은 말이 나온다.

"사람의 정신은 몸의 상태와 밀접한 관계가 있다. 술에 취하거나 아플 때 몸의 상태가 변화함에 따라 명백하게 정신적인 변화가 일어나는 것을 보아도 알 수 있다. 또한 거꾸로, 몸은 감정과 공포, 그리고 즐거움이나 고통과 같은 정신적 변화에 영향을 받는다."

아리스토텔레스는 용기, 비겁함, 우울함, 호색, 도박, 기질, 감정, 기억력 등 인간의 다양한 특성에 대해 관찰하였다. 이러한 관상학이 오랫동안 지속되고 유지될 수 있었던 이유는 어느 사회나 마찬가지로 사람들 사이에 관심을 끄는 것이었기 때문일 것이다.

《서양의 관상학 그 긴 그림자》에 있는 또 다른 내용이다.

"웅변가의 표정은 목소리의 톤과 부합하여야 한다. 그리고 반드시 위엄 있는 대화 스타일을 견지하며, 똑바로 서서, 오른손은 많이 움직이지 않는 것이 좋다. 주제에 따라 기쁨과 슬픔을 적절히 수용한다. 논쟁에 들어가면 팔의 움직임을 빨리하며, 얼굴의 표정을 즉시 바꾸며, 날카롭게 보여야 한다. 앞뒤로 걷거나, 가끔 발을 구르거나, 쏘아보는 듯 굳은 표정을 줄곧 짓는 것도 효과적이다. 훈계를 할 때에는 느린 제스처가 필요하다. 그러나 표정은 바꾸지 않는 것이 좋다. 감정을 최대한 표현하려면, 허벅지를 치거나, 머리를 치거나, 가끔씩 슬프고도 긴장된 표정을 지어 주는 것이 좋다."

이는 키케로의 웅변술이 관상학적 개념을 수용하고 있음을 보여 준다. 관상학은 연극 분야, 소설의 캐릭터 묘사와 회화에서 감정을 표현하는 데 기본이 되는 원칙을 제시하기도 하였다. 무엇보다 관상학을 가장 많이 수용한 부분은 의학 분야였다. 사람의 겉모습은 건강 상태를 측정하는 가장 확실한 징후 중하나이다. 여기서 관상학과 의학의 결합이 생기는 것이다. 생김새를 통해 성격을 파악하고 그 성격이 지배적으로 나타나는 체질을 알아내어 그 체질에 맞는 처방을 내렸다. 이에 관련해《서양의 관상학 그 긴 그림자》에 다음과 같은 내용이 있다.

> "위장이 튼튼한 경우는 몸이 가볍고, 이해가 명확하며, 움직임이 신속하다. 그러나 위장 상태가 나쁘고 소화가 안 되는 경우는 몸이 무겁고 피부가 물컹물컹하며, 눈과 얼굴이 붓고, 하품을 자주 하며, 눈꺼풀이 무겁고, 고약한 트림을 한다."

21세기가 된 오늘날에도 서양의 관상학은 다양한 분야에 녹아 있다. 의학을 비롯한 과학의 영역뿐만 아니라 사회학, 심리학, 경영학 등에도 적용되고 있다. 관상학이 오랫동안 생존해 온 것은 관상을 필요로 하는 사회적·심리적 요구와 기능이 있었기 때문이다. 본질적으로 관상은 사람에 대한 이해라는 영역이다. 이러한 관상이 시대에 따라 어떻게 쓰이느냐 하는 것이 관상 그 자체의 가치를 자리매김한다.

특히 소셜 미디어 시대에 인간의 외적 모습에 대한 관심은 상상을 초월할 정도이다. 사람의 생김새로 누군가를 판단하는 경향은 다른 시대에 비해 더욱 팽배해졌다. 누군가의 외적 모습을 본다는 것은 단순한 시선이 아닌 몸과 얼굴에 드러난 사회적 정체성을 인식하는 것이다. 그 사람이 가진 이미지가 내포하고 있을 육체와 정신의 연관성이 바로 그것이다.

최근 과학 분야에서는 외모가 타인의 성격을 추론하는 데 많은 영향을 미치고 있다는 사실을 밝혀내는 연구를 속속 내놓고 있다. 신체적으로 매력 있는 사람은 모든 면에서 긍정적으로 평가 받는다는 '후광 효과'를 심리학적으로 실증하는 연구들이다.

1998년 미국 듀크대학교 신경학자 그레고리 매카시Gregory McCarthy는 사람의 두뇌가 상대방의 눈동자를 보고 감정 상태를 0.2초 만에 감지한다는 연구 결과를 발표하였다. 매카시 박사는 '눈과 입의 움직임은 엄청난 양의 정보를 전달하기 때문에 두뇌에는 상대방 얼굴의 움직임을 조사하기 위한 전용구역이 있다'며 이 전용 구역을 통해 상대방이 무엇을 말하려 하는지 무의식으로 알게 된다고 밝혔다. 그는 이 영역이 사람들 간의 의사소통을 돕기 위해 진화해 왔을 거라고 추정했다. 특히 '철천지원수를 만났을 때 상대방의 감정을 빠르게 인식하는 능력은 사활이 걸린 문제'라는 그의 주장은 사회관계에서 관상학의 방어적 기능을 명백하게 보여 주는 예라고 할 수 있다.

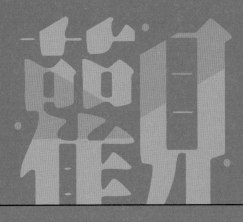

관상으로
운명을 풀어 보는 법

관상법의
기준

관상은 얼굴 한 부분만 보고 판단하는 것이 아니다. 이목구비만 보는 것이 아니라 전체적인 몸의 형태, 얼굴, 목소리, 말투, 자세 등을 종합적으로 봐야 한다. 그러다 보니 처음에는 재미로 공부하기 시작했다가 어디서부터 봐야 할지 체계가 잡히지 않아 두루뭉술하게 배우다가 끝나곤 한다. 관상은 기본적인 이론을 학습하고 난 뒤 그 원리를 바탕으로 다른 이의 얼굴을 보면서 스스로 체계를 잡아가야 한다.

인간을 흔히 소우주라고 표현한다. 이마는 하늘, 눈썹은 별, 눈은 달과 태양, 코는 산, 인중은 강, 입은 바다, 턱은 지각에 비유한다. 하늘(이마)은 맑고 밝으며 넓어야 하고, 별(눈썹)은 은근하게 빛이 나야 한다. 달과 태양(눈)은 흐리지 않고 밝게 빛나야 하며, 산(코)은 너무 높지도 너무 낮지도 않으며 바르게 서 있어야 한다. 강(인중)은 산(코)에서 내려오는 물이 바다(입)로 잘 흘러들어갈 수 있도록 선명하고 넓고 깊어야 하며, 바다(입)는 인중에서 내려온 물을 잘 가둘 수 있게 단정해야 한다. 마지막으로 지각(턱)은 위의 모든 것을 받치고 있을 정도로 튼튼하고 흔들림이 없어야 한다.

풍수의 원리처럼 얼굴도 자연스럽게 흘러가야 좋은 것으로 본다. 도시 계획이 잘되어 있다는 것은 있어야 할 것이 제자리에 있고 도로의 흐름이 막히지 않는 것을 의미한다.

얼굴의 흐름도 마찬가지이다. 얼굴에서 털이 나는 곳은 모두 물이 나온다. 물이 나오는 곳에는 털이 나야 한다는 말이다. 있어야 할 것이 제자리에 있어야 한다. 산천초목이 잘 자라려면 물이 적당히 있어야 하는 것처럼 얼굴에도 물의 흐름이 원만해야 털이 잘 자란다.

관상은 균형과 조화가 가장 중요하다. 이목구비가 서로 균형이 잘 맞고 조화로우면 좋은 상이라고 한다. 여기에 사람의 눈빛, 목소리, 얼굴에 나타나는 색, 행동과 자세, 태도 등을 살펴보아야 한다.

관상은 다음과 같이 다섯 가지 부분으로 구분해서 본다.

첫째, 전체적인 체상體相을 살핀다. 머리, 어깨, 가슴, 몸통, 팔다리 등의 조화, 뼈와 근육의 조화를 살핀다. 기계나 건물도 뼈대가 좋아야 내구성이나 생산성이 좋은 것처럼 인체의 구조도 비슷하다. 한 부위가 유달리 발달한 것은 어떤 면에서는 파격적인 힘을 발휘하지만, 장기적으로는 결국 기운이 한 방향으로 치우치게 되므로 좋지 않다. 타고난 골격과 근육이 있지만 식습관, 생활습관, 하는 일 등에 따라 근육이 달라지고 그에 따라 뼈의 모양이 바뀌기도 한다.

둘째, 머리, 이마, 눈, 코, 입, 귀 등 신체의 중요한 부위와 얼굴을 삼등분하여 위에서부터 상정上停, 중정中停, 하정下停의 비율을 따진다.

셋째, 12궁十二宮을 살펴야 한다. 12궁은 얼굴에 있는 12부위를 보고 자신을 포함하여 육친 및 사회생활에서의 인간관계, 주변 환경의 길흉을 판단한다.

12궁은 복록궁福祿宮, 명궁命宮, 천이궁遷移宮, 형제궁兄弟宮, 복덕궁福德宮, 처첩궁妻妾宮, 전택궁田宅宮, 남녀궁男女宮, 질액궁疾厄宮, 재백궁財帛宮, 노복궁奴僕宮, 부모궁父母宮이다.

넷째, 기색氣色으로 얼굴 각 부위의 혈색을 관찰하여 그 사람이 가진 에너지를 살핀다. 얼굴의 기색은 오행의 색(푸른색, 붉은색, 노란색, 흰색, 검정색)으로 살핀다. 기색이 달라지는 것은 몸의 오장육부의 기능이 얼굴색으로 드러나기 때문이다. 화가 나면 얼굴이 벌게지고, 너무 놀라면 백지장처럼 하얘진다. 간은 푸른색, 심장은 붉은색, 위장은 노란색, 폐는 흰색, 신장은 검은색과 상응한다.

기의 흐름이 좋으면 얼굴에 윤기가 나고 탄력이 생긴다. 몸이 아프고 힘들면 얼굴색이 어두워지며 윤기가 없어진다. 너무 속이 상한 나머지 참고 또 참다 보면 얼굴에 기미가 자욱하게 깔린다. 말 그대로 스트레스를 받아 오장육부가 상하면 그에 상응하는 부위에 색이 올라온다. 남녀궁(자식궁)에 검은색이 올라오면 신장, 방광, 생식기 계통에 에너지가 떨어지거나 자식이 애를 먹인다.

마지막으로 얼굴 이외의 부분으로 주름살, 사마귀, 점, 털 등 신체의 각 부분과 언어, 태도, 자세, 걸음걸이 등을 살핀다.

체상과 얼굴을 보기에 앞서 사람의 기운을 알 수 있는 목소리도 중요하다. 목소리는 그 사람 내부의 기운이 밖으로 나온 것이다. 우리 몸의 기운을 바로 읽을 수 있는 바로미터가 된다. 감기에 걸리면 목소리부터 탁해지는 것을 생각하면 이해하기 쉽다.

관상은 한 곳만 보는 것이 아니다. 전체적인 큰 그림을 먼저 보고 각 부위가 상대적으로 어떠한지 살펴 종합적으로 판단하는 것이다. 한두 가지만을 보고 그 사람을 다 아는 것처럼 말하는 것만큼 위험한 것이 없다.

크게 드러나는 것을
먼저 본다

산의 형세를 가늠할 때 무슨 나무가 많고 계곡은 어디에 있으며 무슨 물고기가 사는지 살피기 전에 전체적인 산세를 먼저 가늠해 보아야 한다. 그 후 그곳에 있는 흙의 성질은 어떤지 어떤 나무가 있는지 살펴보는 것이 순서일 것이다.

　관상학을 공부할 때도 마찬가지이다. 얼굴의 세세한 부위에 대한 것만 공부하면 처음에는 잘 맞는 것 같지만 갈수록 맞지 않다는 것을 알게 된다. 작은 부위마다 그에 따른 특징이 있지만 그것이 모여 전체를 이루므로 항상 잊지 말아야 할 것이 큰 틀을 먼저 봐야 한다는 사실이다. 고로 체상을 보는 것이 가장 중요하다. 사람을 처음 만났을 때 그 사람의 기운을 가장 크게 느끼는 곳이 체상이기 때문이다.

체상

골격이 강한 사람과 약하고 가느다란 사람은 느낌이 다르다. 키와 골격이 비슷하더라도 두상이 큰 사람과 작은 사람은 성향에서도 많은 차이가 난다. 또 두상은 큰데 어깨가 좁은 사람도 있고, 두상은 작은데 어깨가 떡 벌어지게 건장한 사람도 있다. 김병만처럼 키는 작지만 골격이 단단하고 야무지게 생긴 사람이 있는 반면 김국진처럼 골격이 그리 굵고 단단해 보이지 않는 사람도 있다. 김병만은 〈정글의 법칙〉, 〈출발 드림팀〉 등에서 보듯이 육체적인 힘을 많이 쓰는 역할을 주로 하고 있다.

골격이 강하고 튼튼한 사람은 육체적인 에너지가 강해 활동적이고 적극적인 성향을 가진다. 골격이 약하고 가느다란 사람은 육체적인 힘을 쓰는 일보다 머리 쓰는 일이 더 적합하고 잘한다. 세상을 이끌어가는 지도자는 대체로 골격이 튼튼하고 강한 사람이 많다. 그만큼 에너지가 강해 무슨 일을 해도 매우 적극적으로 밀어붙이고 실천력이 강하기 때문이다.

'작은 고추가 맵다'는 말은 무조건 키가 작은 사람만을 의미하는 것이 아니다. 키는 작지만 골격이 단단하고 튼튼해서 기운이 응집되어 있는 사람을 말한다. 이들은 몸집이 작아도 힘이 좋아 일을 잘하고 마무리도 야무지게 한다. 나폴레옹처럼 키가 작아도 오히려 키 큰 사람보다 추진력이 좋고 계획한 일을 빠르게 실행하며 재주가 뛰어난 경우가 많다.

'키가 크면 싱겁다'는 말은 콩나물을 보면 이해하기 쉬울 것이다. 콩나물이 짧아도 영양분을 잘 흡수하면 통통하고 알차 보이는 반면, 길쭉하기만 한 것은 영 맛있어 보이지 않는다. 식물도 그늘에서 키우면 굵어지는 것이 아니라 위로 웃자라서 영양분이 없는 형태가 된다. 키가 크기만 하고 힘없이 가늘기만 하면 에너지가 강하지 못해 일을 해도 야무지지 못하고 엉성하다. 미국 대통령 트럼프처럼 190센티미터가 넘는 장신이어도 골격이 강하고 튼튼하면 한 나라의 지도자로 성장할 만한 에너지가 있다.

체상에도 삼정三停이 있다. 상정(초년, ~30세)은 머리 부분으로 지적 영역, 사고력, 이해력 등을 가늠한다. 두상의 골이 죽은 곳 없이 둥글어야 좋으며, 이런 사람은 적극적으로 사회활동을 한다. 특히 정수리와 뒤통수가 발달하면 최고경영자, 의사, 판사, 교수 등의 지적인 활동이 필요한 분야에 두각을 나타낸다.

중정(중년, 31~50세)은 몸통 부분으로 감정 영역, 실행력, 결단력 등을 의미한다. 몸통이 두껍고 튼튼하면 장기도 그러해서 뒷심과 배짱이 좋다. 아랫배에 살이 없이 푹 꺼지면 빈상이고, 살이 도톰하니 붙어 있어야 재복이 있다.

하정(말년, 51세~)은 하체 부분으로 본능적 영역, 육체적 에너지 등을 나타낸다. 우리 몸 근육의 30퍼센트를 차지하는 허벅지가 탄력 있고 튼튼해야 건강하고 말년운이 좋다.

뼈는 양이고, 살은 음이다. 뼈가 약하고 살이 많으면 뼈가 파묻혀 음양의 조화가 맞지 않다. 허리가 너무 가늘거나, 살이 너무 없어 뼈가 두드러지거나, 너무 뚱뚱한 것도 조화가 깨진 것이므로 재복이 약하다. 마른 체형이라도 살에 탄력이 있어 음양의 조화가 잘 맞으면 좋은 것으로 판단한다.

관상의 기본 원리는
음양오행

관상을 좀 더 깊이 이해하기 위해서는 음양오행의 기본 원리는 알아야 한다. 처음 관상을 공부할 때는 눈이 어떻게 생겨야 하는지, 코의 형태에 따라 어떤 성격이 드러나는지 등에 대해 천천히 알아가면서 음양오행이 관상에 어떻게 단계적으로 적용이 되는지 이해하면 된다.

큰 것은 양이요, 작은 것은 음이다. 우리 몸에서 큰 것은 발달한 것이므로 양이요, 작거나 들어간 것은 음이다. 큰 것은 에너지가 강하고 작은 것은 에너지가 약하다. 즉 코가 크면 발달한 것이니 양의 성격이 강해 적극적이고 활동적인 사람이요, 코가 작고 낮으면 음의 성격으로 소심하고 소극적인 사람이 된다. 또, 튀어나온 것은 양, 들어간 것은 음이다. 눈이 튀어나온 사람은 성격이 급하고 눈이 들어간 사람은 생각을 많이 하고 행동하는 사람이다. 남자는 양이요, 여자는 음이다.

여자가 골격이 발달했다면 양적인 성격이 강하게 드러난다. 즉 남자 같은 여자가 된다. 이처럼 음양의 속성을 이해하면 복잡한 것을 외우지 않아도 상의 이치를 깨달을 수 있다.

이영자는 입이 크고 입술이 두툼한 편이다. 입이 발달한지라 성격이 적극적이고 활동적이며 매우 솔직한 사람이다. 여자가 입이 크면 포부가 남다르고 포용력이 있다. 반면 남자가 입이 작으면 꼼꼼하고 세심하여 남성적인 성향보다 여성적 성향이 두드러진다.

입 자체가 앞으로 돌출한 사람은 양의 성향이 강해 말이 많다. 남이 말하기 전에 먼저 말한다. 동물적 감각이 뛰어나 외향적이고 공격적이며 도전 정신이 강하다. 자기 주관이 뚜렷하고 충동적인 성향이라 노골적으로 생각을 표현하는 편이다. 개그맨이나 말을 많이 하는 분야의 직종에서 많이 볼 수 있다. 입이 쑥 들어간 사람은 음의 성향이라 내성적이고 의지가 약해 자기 생각을 표현하지 못하는 경우가 많다. 다툼이 생기면 피하는 편이고 남의 부탁을 잘 거절하지 못한다. 이런 사람은 일을 할 때도 적극적으로 나서기보다는 수동적으로 따라가는 편이다.

소지섭은 크고 높은 코를 가지고 있다. 코가 큰 사람은 자존심과 주관이 강해 매사 모든 일을 주체적으로 해결하며 책임감과 실천력이 강하다. 한번 마음먹은 것은 끝까지 해내는 뚝심이 있다.

임현식은 작고 짧은 듯한 코를 가졌다. 이런 사람은 그때그때 분위기나 상황에 따라 순발력 있게 대처하는 능력이 뛰어나다. 한 가지 생각을 쭉 오랫동안 가져가기보다는 아니다 싶으면 빠르게 생각을 바꿀 수 있는 사람이다.

오행의 상생상극의 이치로 길흉을 판단한다. 이마는 남쪽, 오행으로는 화(붉은색)이며, 턱은 북쪽, 오행으로는 수(검은색)에 해당한다. 불과 물은 상극이므로 이마는 붉은색보다 검은색을 꺼리고, 턱은 검은색보다 붉은색을 꺼린다.

예를 들면 故 앙드레김은 생전에 머리숱이 적어 이마에 검은색을 칠하고 다녔다. 이마火는 명예를 상징하기도 하는데, 여기에 검은색水을 칠하면 물이 불을 누른다는 수극화水剋火의 이치로 명예가 손상되는 일이 발생하게 된다. 또 이마보다 턱이 짧거나 턱보다 이마가 지나치게 넓거나 하는 것은 조화를 깨뜨려 그 사람의 바꾸기 어려운 운명적 요소를 만들게 된다.

	음양의 판단기준	기질	특징
음	작다, 짧다, 얇다, 들어가다, 좁다, 어둡다, 얕다, 낮다, 부드럽다, 매끄럽다	소극적, 이성적, 여성적	환경에 순응한다
양	크다, 길다, 두껍다, 튀어나오다, 넓다, 밝다, 깊다, 높다, 단단하다, 거칠다	적극적, 행동적, 남성적	운명을 주도한다

오행형은 사람을 목형 木形, 화형 火形, 토형 土形, 금형 金形, 수형 水形 다섯 가지로 분류하여 보는 방법이다. 오행형은 골격, 몸의 형태에 따른 살찐 정도, 목소리, 자세, 동작 등을 종합적으로 분석하여 판단한다. 대부분은 목형과 화형, 금형과 목형 등 두 가지 오행형을 함께 갖고 있는 경우가 많다. 이럴 때는 상생 관계에 있는 오행형이 섞여 있는 것이 좋다. 상극하는 오행형의 결합은 일에 막힘이 많은 것으로 본다. 얼굴이 뚜렷한 한 가지 오행형으로 이루어져 있으면 복이 있다. 예를 들어, 화의 속성은 발산하는 기운이 강한데, 이 성질이 그대로 드러나면 행동과 생각의 방향성이 확실한 사람이 된다. 얼굴의 오행형에 대한 이야기는 뒤에서 구체적으로 이야기하도록 하겠다.

오행	방위	계절	색	오장육부	모양
목 木	동	봄	청색	간, 담	역삼각형
화 火	남	여름	적색	심장, 소장	삼각형
토 土	중앙	사계 四季	황색	비, 위장	마름모형
금 金	서	가을	백색	폐, 대장	사각형
수 水	북	겨울	흑색	신장, 방광	원형

얼굴형과
성격

오행으로 관상을 구분해 보는 가장 대표적인 것이 바로 얼굴형이다. 이를 지금부터 자세히 살펴보도록 한다.

목형

상부가 넓고 하부가 좁은 역삼각형 얼굴은 이마가 크고 넓으며 턱이 좁다. 상부는 두뇌 활동 및 감정과 많은 관련이 있으므로 목형의 얼굴을 가진 사람은 사고력이 좋고 섬세한 성향을 가지고 있다.

이들은 다른 얼굴형에 비해 신경이 날카롭고 깐깐하며 냉철한 성향을 지니고 있다. 사람은 누구나 타인을 평가할 때 자신의 잣대로 본

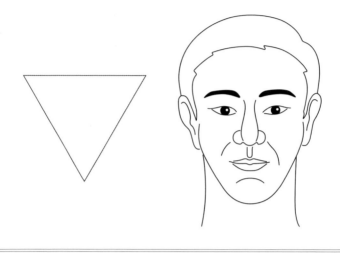

다. 자신에게 깐깐한 사람은 상대방에 대해서도 깐깐한 기준을 적용하므로 사람을 많이 가리는 편이다. 남을 이해하고 포용하는 성정性情이 부족한 편이므로 많은 사람을 이끌어 가는 리더십과 통솔력이 떨어지는 경우가 많다.

어른과 윗사람에게 쉽게 인정을 받아 자존감이 높지만, 아랫사람과의 관계가 상대적으로 원만하지 않은 경우가 많다. 즉 상부가 발달해 윗사람은 잘 모시나 하부가 약해 아랫사람을 두루두루 잘 챙기는 스타일이 아니며 간혹 상사한테 받은 스트레스를 부하 직원에게 풀기도 한다. 신경질적인 성격 탓에 두통, 불안, 초조 등 신경성 질환에 많이 걸린다.

조국 교수와 마광수 교수 같은 사람들은 상부가 발달해 있으므로 두뇌 회전이 좋고 이성적이어서 공부를 잘하는 편이다. 새로운 것에 호기심이 많아 지적이며 창조적인 성향을 잘 발휘한다. 섬세하고 꼼꼼하여 일을 맡기면 신중하게 처리하므로 실수가 적다. 주로 전문적인 지식이 필요한 일, 체력의 소모가 적으면서 창의적이고 집중력이 필요한 일에 어울린다. 전문직, 기획, 전략, 관리부서 교육, 연구개발 등의 직종에 능력을 발휘할 수 있다.

상부가 발달하고 상대적으로 하부는 좁은 편이라 정신력은 강하나 체력이 약해 생각의 속도만큼 행동이 따라주지는 못한다. 사고력이 좋은 만큼 이론에는 밝으나 생각보다 실행력이 낮은 모습을 보인다. 예를 들어, 부동산 경매와 관련된 일을 하는 경우 이론과 분석력은 좋으나 지나치게 신중하고 소심한 성격 탓에 과감하게 투자하기를 꺼린다. 상부보다 중부가 발달한 사람은 물건이 마음에 들면 깊게 생각하지 않고 바로 지르는 행동파라면 상부가 발달한 역삼각형 얼굴은 넓은 이마만큼 생각만 많이 하는 사람이어서 이런 분야에서는 성과가 적게 나타날 수도 있다.

역삼각형 얼굴에 볼살이 없는 사람은 지나치게 예민하고 까다롭다. 체력이 약하니 지구력과 끈기가 부족하고 생각은 많으나 행동으로 옮기기가 여간 어려운 것이 아니다. 까다로운 성격만큼 자기 주변에 사람을 잘 붙이지 않으며 사회적 관계의 폭이 좁다. 자기 스스로를 과신하여 합리화에 능하고 자기 정당화를 하므로 대인관계에 문제가 발생할 수도 있어 대인업무에는 부적합하다.

화형

삼각형 얼굴은 상부인 이마가 좁고 하부의 턱이 발달한 얼굴형을 말한다. 상부보다 하부가 발달하여 의지력과 지구력이 좋아 어떤 일이든 끝까지 밀고 나가 자신에게 유리한 방향으로 이끄는 재주를 가지고 있다. 윗사람의 복을 받을 수 있는 상부가 약해 부모의 도움으로 성공의 발판을 이룬 사람보다 자수성가한 사람의 전형적인 모습이기도 하다. 의지력과 자립심이 강해 목표와 꿈이 정확하며 미래지향적이다. 자립심이 강하고 당당하며 힘든 일이 닥쳐도 무너지는 경우가 없다. 일을 시작하면 반드시 끝을 맺는 성향이다. 그러므로 화형의 얼굴을 가진 사람은 말년으로 가면서 더욱 번창한다.

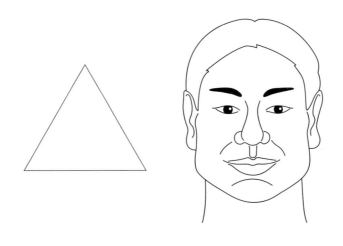

삼각형 얼굴은 현실적인 면이 강해 무리한 투자를 하지 않으며 자기 것에 강한 집착을 가지는 경향이 있다. 신체가 건강하고 뼈대가 탄탄한 얼굴형이어서 겉은 매우 강직해 보이나 내면은 순진하고 부드러운 면을 가지고 있다. 체력이 강한 반면 사고력은 부족해 행동이 앞서다 보니 간혹 실수를 하기도 하나 자부심과 고집으로 밀고 나가면 누구도 이길 재간이 없다. 사람 만나는 것을 즐겨하며 활동적인 성향이다. 대인관계와 사교성이 좋고 성실하다. 아랫사람을 잘 다스려 따르는 사람이 많다. 조직생활에서는 사고력, 창의력을 요하는 분야보다 행동 중심의 일이 더 어울린다.

대표적인 인물이 바로 강호동이다.

토형
··········

마름모형 얼굴은 상부인 이마와 하부인 턱은 좁고 중부인 광대뼈를 중심으로 좌우로 발달한 형태를 말한다. 주체성과 자존심을 의미하는 코와 광대뼈가 발달하여 자존심과 자신의 위상을 상당히 중시한다. 윗사람의 말을 잘 듣지 않고 두뇌 활동이 약해 단순하고 직선적인 면을 가지고 있다. 여러 얼굴형 중 성격적으로 가장 문제가 있을 수 있다. 일을 처리할 때도 남의 말을 귀담아듣지 않는다. 고집이라기보다는 자신만의 아집이 매우 강하며 보수적인 성향을 지닌다.

이마가 좁은 편이라 15~30세의 학업운은 약하다. 행동은 느린 편

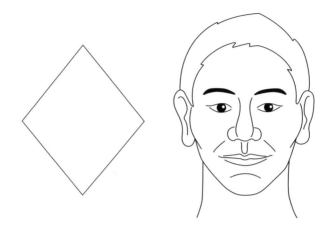

이나 인내심 하나는 끝내준다. 자신을 드러내기 좋아하며 활동적이다. 작은 실패를 두려워하지 않으며 매사에 후회하는 일이 드물고 자기중심적인 사고를 가졌기에 타인을 배려하지 않는다. 명예를 가장 중요하게 여기고 자존심이 강해 남에게 지는 것을 싫어한다. 타인에게 지적을 받거나 충고를 들으면 마음에 큰 상처를 받는다. 자신이 하는 일에 강한 자부심이 있어 칭찬 듣는 것을 좋아하며 자신이 하고자 하는 일에 불가능은 없다고 생각하는 강한 의지력의 소유자이다.

관골이라고 하는 광대뼈는 자신의 위상, 명예를 의미한다. 광대뼈가 발달한 사람은 자신의 명예를 중시한다. 하고자 하는 일이 있다면 어떤 시련과 장애라도 극복해 가는 불굴의 의지가 있다. 활동성, 근면성, 지구력, 의지력 등이 자신이 하는 일과 잘 어우러지면 큰 성과를 볼 수 있다. 두뇌를 많이 쓰는 일보다는 활동성을 많이 필요로 하는 스포츠, 현장을 돌아다니는 일, 건축, 토목, 수송업 등 다른 형보다 다양한 업종에 종사한다.

서장훈이 토형의 얼굴형을 가진 대표 인물이다.

금형

금형은 얼굴은 각지고 네모난 형을 말한다. 얼굴에 각이 진 사람은 자기주장이 강하고 고집이 세며 완고하다. 하부가 튼튼해 지구력과 추진력이 좋고 매우 성실하다. 어떤 일을 하더라도 성공할 가능성이 높은 얼굴형이다. 리더십이 강해 매사에 리더로 활동하기를 좋아하며 정확하고 반듯한 성품을 가지고 있다. 실무에 능하고 적극적으로 행동하며 세련되고 의욕적이다. 자신이 하고자 하는 일은 끝까지 밀고 나가는 강함을 가지고 있으나 여리고 약한 사람에게는 한없이 약해지는 의외의 면을 가지고 있다.

머리 회전도 빠르며 매사에 빈틈이 없어 꼼꼼함을 요하거나 정확한 답이 나오는 일을 처리하는 업무가 어울린다. 또한 활동적인 성향이어서 몸을 움직이며 하는 직업을 선호한다. 업무 스타일은 의사결정이 자기중심적이고 강압적이며 지시적이고 성과 중심적이다. 의지력과 추진력이 강해 중대한 위기가 닥치면 리더십을 발휘하여 위기를 잘 넘기는 능력이 있다.

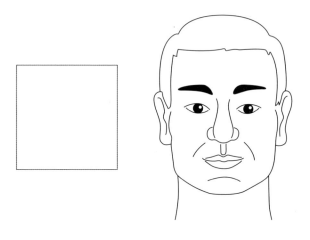

각진 얼굴에 살이 단단하고 풍부하면 재물운도 좋아 따르는 사람이 많고 참모로서의 강한 기질을 잘 발휘한다. 정직하고 솔직하며 헌신적으로 조직에 봉사할 수 있다. 그러나 얼굴에 살집이 없고 뼈가 노출되어 있으면 융통성이 부족하고 친화력이 약해 독재적이고 투쟁적인 성향이 크게 나타나므로 인간관계나 조직 속에서 융화력이 부족할 수도 있다.

정치가, 고위관직, 대기업의 총수 중에 금형의 얼굴형이 많다. 대표적인 인물로 테슬라 CEO 일론 머스크와 현대자동차 정몽구 회장을 떠올릴 수 있다.

수형

수형은 얼굴 전체가 둥글고 이목구비도 대체로 둥근 편이다. 둥글다는 것은 잘 굴러간다는 의미이므로 얼굴형이 둥근 사람은 성격이 원만한 편이다. 매사에 모가 나지 않은 무난한 성격으로 마음이 따뜻하고 낙천적이다. 감정에 충실하고 이익을 따르는 경우가 많아 아주 현실적이다.

쾌활하고 사교적인 면이 강해 사람들과 잘 어울리며 즐겁게 사는 스타일이다. 밝고 명랑하다. 화를 내거나 기뻐하는 등 감정으로 즉각적인 반응을 나타낸다. 교제하기에 매우 유쾌한 수형의 사람은 만약 화를 낸다 해도 일시적이기 때문에 기분이 금방 풀린다. 얼굴이 둥근 사람은 활동적이며 본능이 표정으로 다 드러나기 때문에 속내를 쉽게 알 수 있다.

모가 나지 않았다는 것은 자기의 주관이나 개성이 부족하다고 볼 수 있으며, 강력한 의지가 부족해 게으른 면이 나타날 수도 있다. 이성보다 감정에 따라 행동하므로 정이 많고 친절하나, 맺고 끊는 면이 부족해 답답해 보일 수도 있다. 순간적 본능이 지배하는 단순한 마음의 소유자가 대체로 많으므로 정에 약한 특징이 있다. 지극히 현실적이고 욕심도 많지만 단순하거나 반복적인 일에 쉽게 싫증을 느끼고, 변화 적응력이 좋지만 그만큼 변덕도 심하다.

수형은 이마 부위가 중요한데 이마가 넓은 얼굴도 있고 좁은 얼굴도 있다. 일본 소프트뱅크의 손정의 회장은 이마가 넓은 수형에 속한

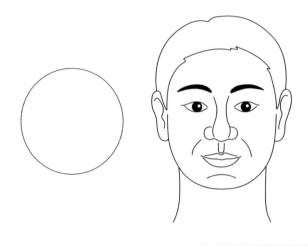

다. 머리도 좋고 성격도 원만하다. 좁은 이마는 넓은 이마에 비해서 두뇌 활동이 활발하지 않으므로 치밀한 분석력이 요구되는 분야에서 일하기에 적합하지 않다.

사람들과 친밀하게 어울리며 유연성이 좋고 변화에 잘 적응하여 대인관계 역량이 뛰어나 인맥이 많고 수완이 좋은 장점이 있다. 이런 사람은 대인관계 업무, 영업, 마케팅, 고객상담 업무에 적합하다. 이마가 좁은 수형은 성격이 원만하여 어디에서든 적응을 잘하나 규정이나 원칙을 준수하는 능력과 치밀함은 부족하다. 조직적이고 타이트한 업무, 경쟁이 너무 심한 환경에서는 적응력이 떨어져 힘들어할 수도 있다.

시기별 운을 알 수 있는
삼정

체상과 얼굴형을 보았으면 이번에는 삼정이다. 얼굴을 3등분하여 위에서부터 상정, 중정, 하정이라고 한다. 상정은 그 사람의 지적 능력을, 중정은 주체성과 중년의 성취를, 하정은 지구력과 의지력을 가늠하는 곳이다.

상정

상정은 머리카락이 난 곳에서 눈썹까지를 말한다. 이마 부분으로 15~30세까지 초년의 운세를 살피는 곳이다. 자기 자신을 나타내는 코보다 위쪽에 위치해 있으므로 나의 윗사람, 즉 부모나 직장 상사 등

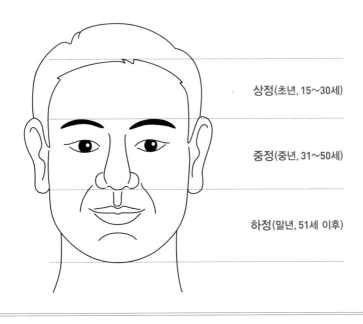

상정(초년, 15~30세)

중정(중년, 31~50세)

하정(말년, 51세 이후)

나보다 높은 지위에 있는 사람과의 관계를 살필 수 있는 곳이다. 이마가 넓고 둥글고 윤택하면 부모나 윗사람의 도움을 받고 그 사람들과의 관계가 원만하며 친밀하다고 본다.

이마가 좋은 사람은 지적 활동을 관장하는 뇌가 발달한 사람으로 사고력, 직관력, 논리력, 추리력 등이 좋아 공부를 잘한다. 머리를 쓰는 일에 강해 학자, 교수, 법률가, 경제 분야에 두각을 나타내는 사람들이 많다. 부모에게서 많은 혜택을 받으며 성장하고, 관운도 좋아 일찌감치 출세할 수 있다. 윗사람과의 관계도 원만한 성향을 나타낸다.

반면, 상정이 좁고 경사지고 울퉁불퉁하거나 주름이 많고 흉터가 있으면 초년에 경제적으로 어려움을 겪거나 학업운이 매끄럽지 못해 공부로 성공하기는 어렵다. 이런 사람은 공부보다는 몸을 쓰는 예술, 스포츠 등의 분야로 전공을 선택하는 것이 자기의 능력을 살리는 길이다.

중정

중정은 눈썹 아래에서 코끝까지를 말한다. 31~50세까지 해당되며 인생의 중반부인 중년의 활동과 성취를 보는 곳이다. 얼굴 중앙에 위치하며 다른 부위에 비해 입체적으로 나와 있는 코는 자기 자신을 의미하며, 그 사람의 개성이 가장 잘 드러나는 곳이다. 상정을 지나 중정으로 들어오면 부모의 그늘에서 벗어나 본격적으로 자신이 원하는 분야에서 능력을 발휘하는 시기가 된다.

중정을 관찰할 때는 코와 관골의 조화를 잘 살펴야 한다. 좋은 코를 가지고서도 발전이 더딘 것은 다른 부위와 조화가 맞지 않기 때문이다. 코와 관골이 조화로운 사람은 행동력, 실행력, 의지력이 좋으며 주변 사람과의 관계가 좋아 사회적으로 많은 성취를 이룬다. 주변 사람들을 잘 챙기므로 사람이 많이 따르고 도와주는 이들이 많다. 이러한 사회적 관계 형성은 성공의 발판이 된다. 그래서 사업가로 성공하는 사람이 많고 명예와 권력이 따른다.

코만 높고 관골이 낮으면 자신의 능력을 과신하거나 주변 사람들의 말을 잘 듣지 않는다. 다소 이기적인 성격이라 덕이 없고 도와주는 사람도 없다. 의지가 약하고 기백이 부족하다. 혼자 있는 것을 좋아하고 많은 사람들과 함께 일을 하는 것을 힘들어한다. 사람들을 이끄는 역할보다는 처음부터 끝까지 혼자서 마무리하는 일이 잘 맞다.

코가 낮고 관골이 높은 사람은 자신은 별 능력이 없지만 주변에 잘난 사람이 많아 항상 부족함을 느끼기 때문에 자존감이 낮은 사람이 많다.

코가 높고 관골이 강한 사람은 자신의 권위와 명예를 중시하므로 여러 사람이 있는 곳에서 야단을 치지 않는 것이 좋다.

관골이 앞으로 튀어나오면 주관이 뚜렷하고 의지가 강하며 적극적이다. 관골이 옆으로 튀어나오면 자기중심적인 사고가 강하고 투쟁심이 강하다. 관골이 둥글넓적하고 살이 두툼하면 배짱이 두둑하고 추진력이 있어 성공할 가능성이 높다.

하정

하정은 코끝에서 턱 밑까지를 말하며 51세 이후의 운세를 주관한다. 1층에 기둥만 있는 필로티 구조의 건물은 왠지 불안해 보인다. 또 아래보다 위로 갈수록 넓은 건물은 곧 무너질 것 같다. 사람의 얼굴도 마찬가지이다. 인생의 말년에 해당하는 턱이 넓고 잘 발달해 있어야 가정이 원만하고 부동산과 관련된 재산이 풍부하다. 심성이 후덕하고 베풀기를 좋아하므로 사회적 관계가 잘 형성되어 있어 이런 사람은 말년이 안정적이다.

중정에 있는 코를 중심으로 상정이 윗사람이라면 하정인 턱은 아랫사람, 자식 등 손아랫사람을 의미하며 그들과의 관계나 그 사람들의 상태를 보는 곳이다. 턱이 잘 발달해 있으면 끈기와 인내 그리고 지구력이 좋아 마음먹은 것은 끝까지 해내는 능력이 있다. 마음가짐 또한 이리저리 자주 바뀌는 사람이 아니라 의리가 있고 사람을 쉽게 배신하지 않는 성정을 가졌다고 본다.

턱이 뾰족하고 볼에 살이 없는 사람은 체력이 약하고 성격이 예민하고 신경질적이다. 에너지가 약해서 자신의 앞가림도 하기 어려우므로 남을 위하는 마음 씀씀이가 부족할 수밖에 없다. 남을 먼저 배려하기보다는 나 자신을 먼저 생각하므로 당연히 따르는 사람이 적다.

모든 것은 자신이 뿌린 대로 거두는 법이다. 중정과 하정은 내가 어떠한 마음가짐으로 살아가느냐에 따라 만들어지는 곳이다. 기본적으로 턱의 골 자체가 약한 사람이라면 젊어서부터 많이 베풀고 덕을 쌓는 무형의 적금을 붓는 것도 한 방법이다.

분야별 운을 알 수 있는
12궁

관록궁 官祿宮
입신출세의 운과 직업을 판단하는 곳

이마 중앙 부위를 관록궁이라 한다. 이마가 넓고 훤하며 혈색이 좋고 윤택하면 명예를 얻고 지위가 높아지며 귀인을 만나 좋은 인맥을 형성한다고 본다. 관록궁은 관직에 진출하는 관운을 판단할 뿐 아니라 그 사람의 사회적 지위, 출세운 그리고 직업상의 성공 여부를 판단하는 곳이다. 관록궁이 꺼지거나 흉터 없이 간肝을 엎어 놓은 것 같으면 합격운과 직장운이 좋다. 그러나 이마가 좁고 관록궁 부위가 움푹 들어가 기울어져 있거나 빛깔이 어둠침침하면 관직의 운세가 약하고 사업운도 약하다.

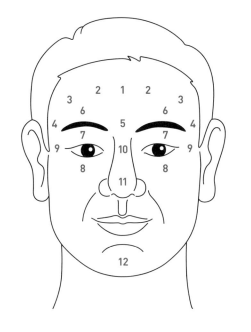

1   관록궁(입신출세)

2   부모궁(부모)

3   복덕궁(복덕)

4   천이궁(이동수)

5   명궁(운세 전반)

6   형제궁(대인관계)

7   전택궁(부동산, 상속)

8   남녀궁(자녀)

9   처첩궁(배우자)

10   질액궁(건강, 질병)

11   재백궁(현금의 출납)

12   노복궁(부하운, 말년복)

부모궁 父母宮

부모에 관한 운세를 판단하는 곳

부모궁은 부모에게서 얻는 혜택, 부모와의 인연과 소통 등을 판단하는 곳이며, 관록궁의 좌우에 해당하는 부위이다. 이 부분은 각이 매끄럽게 지면 좋다고 본다. 일각을 부친, 월각을 모친의 기운으로 본다. '남좌여우'男左女右로 남자는 좌측이 일각, 우측이 월각이고, 여자는 반대이다. 양쪽의 모양이 다르면 부모의 수명이 짧거나 부모와의 관계

등이 원만하지 못하다고 본다.

복덕궁 福德宮
조상의 복과 덕을 보는 곳

복덕궁의 위치는 눈썹꼬리에 위치한 양쪽 이마 끝부분이다. 복덕궁이 둥그스름하고 두터우면서 밝고 윤기가 흐르면 타고난 복도 두터워 조상덕을 많이 본다고 판단한다. 굴곡이 적고, 색깔이 좋아야 하고, 살집이 적당히 있어야 좋다. 조상의 복과 덕을 논하는 곳으로, 현대 사회에서는 사회적인 번영과 재물운에도 관여한다고 해석한다. 복덕궁이 좁고 못생겨도 지각(턱)이 두터우면 비록 초년에 고생을 할지라도 말년 운세가 좋은 것으로 보니 실망할 필요는 없다.

천이궁 遷移宮
이동수를 판단하는 곳

천이궁은 이마 양쪽 가장자리(관자놀이 근처)로 눈썹꼬리 또는 끄트머리 부분을 말하며, '천창'天倉이라고도 한다. 한자 뜻(옮길 천, 옮길 이)에서도 보듯이 말 그대로 움직이는 기운을 의미한다. 여행, 이사, 승진, 무역, 외교, 세일즈 등의 운세를 판단하는 부위이다.

천이궁이 밝고 깨끗하고 도톰하게 살이 붙어 풍만하고 뼈가 들어가 있지 않으면 다른 곳으로 이동을 하더라도 승승장구한다. 그러나 이곳이 움푹 들어갔거나 기색이 좋지 않으면 이동을 해도 힘든 일이 많이 생기며 목적을 이루기가 쉽지 않다. 또한 주거가 불안정하며 직업 변동이 잦다.

전 UN 총장 반기문이 천이궁이 발달되어 있는 얼굴이다.

명궁命宮
운세의 전반을 살피는 곳

이마에서 코로 내려가는 눈썹과 눈썹 사이의 인당印堂을 말한다. 이곳은 사람의 정신적 기가 모이는 곳으로 선천적인 운명의 길흉, 수명과 학식, 현재의 운세 등을 판단할 수 있는 부위이다. 눈썹과 눈썹 사이의 폭이 자기 손가락 두 개 정도 들어가야 넓이가 적당하고 색깔이 맑고 밝으며 윤택한 것이 좋고 흉터나 털이 있으면 좋지 않다. 이마에서 명궁을 지나 산근까지 끊어지지 않고 잘 연결된 사람은 학문으로 통달하고 재난이 적다. 명궁이 원만하고 깨끗한 사람은 사업가, 정치가 등 사회적으로 명성을 얻고 크게 발전한다. 너무 좁거나 사마귀, 흉터 등 흠집이 있으면 일에 변동이 많아 지속성이 떨어진다.

화내거나 짜증을 내는 등 부정적인 에너지를 많이 쓰면 좁아지고, 긍정적인 생각으로 많이 웃으면 넓어지는 부위가 명궁이다. 신경을 많이 쓰거나 생각할 일이 많으면 이 부분에 주름이 생긴다. 종횡으로 주름이 많으면 일에 지체됨이 많고 운이 쉽게 열리지 않는다.

형제궁 兄弟宮

형제와의 관계, 대인관계를 보는 곳

형제궁은 눈썹 부위를 말한다. 눈썹은 그 사람의 능력, 의지, 지능을 판단할 수 있고 부동산운, 직장 관계, 남녀 애정운에도 영향을 미친다고 해석한다. 과거에는 형제덕이 중요했던 시대였기 때문에 형제궁이라 칭했으나 현대 사회에서는 형제운보다 대인관계, 사교성, 친화력으로 해석한다. 눈썹이 좋으면 사교성과 친화력이 좋아 인기가 많다고 본다. 일찌감치 성공의 길로 들어선 연예인들은 눈썹이 상당히 좋다. 관상학적으로 좋은 눈썹은 눈썹털이 잘 자라 있고 윤택하고 밝고 빛이 난다. 이런 눈썹은 그 사람이 건강하고 생식 능력이 좋다는 것을 의미한다. 눈썹이 빠지면 스트레스를 많이 받고 있거나 생식력이 떨어지는 것으로 본다. 눈썹은 건강과 인기를 대변하는 매우 중요한 요소이다.

눈썹털이 부드러우면 성격이 유연한 사람이고 눈썹털이 강하면 정신적으로 강직한 사람이라고 본다. 눈썹털이 서로 엉키어 있거나 거꾸로 나 있으면(역모) 대인관계에 갈등과 분쟁이 많다. 눈썹이 있는 부위는 교감신경과 부교감신경이 지나가는 곳이어서 긴장하거나 예민할 때 털이 일어선다.

눈과 눈썹은 서로 조화로워야 한다. 눈이 길면 눈썹도 길어야 하고 눈이 작으면 눈썹도 짧아야 한다. 눈썹 폭이 좁더라도 길게 펼쳐져 있는 것을 좋게 친다. 손지창, 고소영, 손예진이 이와 같은 눈썹을 가지고 있다.

눈썹의 가장 큰 역할은 눈을 보호하는 것이다. 눈 자체는 그 사람을 나타내며 눈 상태에 따라 수명을 가늠할 수 있어 '보호할 보, 목숨 수' 자를 써서 눈썹을 '보수관'保壽官이라 칭한다. 눈은 곧 나 자신이며, 눈썹은 나를 보호해 주는 주변 사람과 형제, 부모라 해도 과언이 아니다.

눈썹은 비가 오거나 땀이 흘러내릴 때 눈에 들어가지 않도록 막는 역할을 하므로 한 가정의 지붕과 같다. 눈썹이 눈보다 짧아도 비가 새고, 털이 듬성듬성 나 있어도 그 사이로 비가 샌다. 뒤로 갈수록 눈썹이 희미하거나 흩어져도 비가 샌다. 그러므로 무엇보다 중요한 것은 눈썹이 눈보다 길어야 한다는 것이다. 눈썹이 지붕 역할을 제대로 해서 가정이 편안하고, 사업을 하더라도 끝까지 좋은 결과를 볼 수 있다. 눈썹의 끝이 흩어지면 용두사미로 일이 끝날 확률이 높다. 벌 때는 확 벌고 망할 때도 부지런히 망한다.

좋은 눈썹의 조건
- 눈썹과 눈썹 사이가 적당히 떨어져 있어야 한다.
- 눈썹이 눈보다 길어야 한다.

- 눈썹털이 서로 엉키지 않고 가지런해야 한다.
- 눈썹털은 흩어지지 않고 모여 있어야 좋다.
- 눈썹털은 윤기 있고 광택이 나야 좋다.
- 눈썹머리에서 시작해 꼬리 부분까지 3분의 2 지점에서 살짝 위로 향하고 다시 아래로 내려가는 것이 좋다.
- 눈썹숱이 많더라도 살이 약간 보이는 것이 좋다.

전택궁 田宅宮
건강, 재물에 대한 기운과 부동산 계통의 재산을 보는 곳

눈과 눈썹 사이의 눈두덩이 부위를 말하며 전답, 주택, 임야 등 부동산 관계와 그 상속에 대한 운세를 판단하는 곳이다. 전택궁은 눈과 눈썹 사이의 폭이 넓으며 꺼지지 않아야 하고, 사마귀, 점 등이 없이 선명하고 눈빛이 온화하게 빛나야 좋다.

전택궁이 넓으면 정신적으로 여유가 있고 이상적인 면을 추구한다. 이 부분이 넓으면 남녀 사이에서도 포용력이 좋아 참고 기다려 주는 성정을 가지고 있다. 조상에게서 혜택을 많이 받아 유산이 많거나 주변 사람의 도움으로 재산을 모을 수 있다. 신구, 강부자가 전택궁이 넓은 얼굴이다.

전택궁이 좁으면 마음의 여유가 없고 성격이 까다롭다. 현실적이고 실용적인 면을 중시하는 사람이다. 개인주의 성향도 강하다. 톰 크루

즈처럼 눈꺼풀에 지방이 없고 쏙 들어가면 두뇌 회전과 눈치가 빠르나 자기중심적인 성향이 강해 안정적인 가정을 꾸리기가 쉽지 않다. 동양인은 서양인에 비해 전택궁이 넓은 편이다. 동양인은 정신적인 세계를 중시하고, 서양인은 실용적이고 현실적인 세계를 추구한다.

　피곤하거나 아프고 나면 전택궁이 쑥 들어가거나 빛깔이 어두워지는 경험을 해보았을 것이다. 이 부분은 신장이나 방광 계통, 자궁이나 생식기 쪽의 질병을 알 수 있는 곳인데 나이에 비해 심하게 꺼지거나 색이 어두워지면 건강을 염려해야 한다. 전택궁이 움푹 들어간 사람은 부동산이나 경제적인 문제로 고생을 하고 가정이 불안정하다. 그러나 마음이 편안해지고 부동산이 생겨 주거환경이 좋아지면 전택궁에 살이 차오르면서 그 모양이 변하게 된다.

남녀궁 男女宮 (자녀궁)
성적인 기능, 자녀의 수, 심신의 건강을 보는 곳

남녀궁은 두 눈 아래인 누당漏堂(눈물이 나오는 곳)과 아랫눈꺼풀인 와잠臥蠶(누워 있는 한 마리 누에)을 말한다. 이 부분이 평평하면서 살이 차 있으면 성적인 건강, 자녀 생산 기능이 원만하고 심신이 건강하다고 본다. 이곳에 점이 있거나 주름이 어지럽게 있거나 색이 어둡거나 비립종이 생기는 등 상태가 좋지 않으면 남녀궁에 부족함이 많다고 해석한다.

눈은 해와 달로, 남녀를 상징한다. 눈 주변은 모두 남녀 애정운와 재물운이 많이 좌우하는 곳으로, 가정궁을 의미하기도 한다. 전택궁은 재물, 처첩궁은 애정, 남녀궁은 자식, 형제궁은 인기와 친화력을 나타낸다. 건강은 가정을 이루는 근간이 되므로, 심신이 건강해야 자식운과 재물운, 배우자운이 좋아지는 것이다.

처첩궁 妻妾宮
배우자와의 인연, 혜택, 조화로움을 보는 곳

양쪽 눈꼬리에서 귀에 이르는 곳으로, '부부궁'夫婦宮 또는 '간문'奸門이라고 한다. 과거에는 처첩의 기운을 봤으나 지금은 남녀 애정관계, 부부관계, 혼전의 연애관계 등을 판단하는 곳이다. 남자는 좌측을 본인, 우측을 배우자로 본다. 여자는 그 반대로 보면 된다. 처첩궁이 깨끗하고 살이 두둑하고 윤택하면서 흉터, 점, 주름 등 흠집이 없으면 남녀 애정운이 좋다.

이 부분이 푹 꺼져 있거나 어지러운 주름, 점, 사마귀, 푸른 힘줄 등이 있으면 좋은 배우자를 만나기 어려우며, 설령 결혼했다 해도 부부가 조화롭지 않아 갈등이 많거나 부부관계를 오래 유지하기 어렵다.

질액궁 疾厄宮
건강과 질병을 판단하는 곳

관상학에서 코는 산으로 비유하고, 눈과 눈 사이의 콧부리 부위인 이 곳을 '산근'山根 또는 '재근'財根 이라고도 한다. 산근은 '산의 뿌리'라 는 의미하고 재근은 '재물의 뿌리'를 의미한다. 질병의 유무를 판단하 고 건강 상태를 보는 질액궁은 재백궁(코)과 연결되어 재물운을 판단 하는 데도 많은 영향을 주는 곳이다. 질액궁이 적당히 높고 풍만하면 서 원만하면 건강하고 질병이 없어 복을 누린다. 사는 동안 재난도 적 다. 반대로 이곳이 낮고 퍼지거나 점, 흉터, 어지러운 주름이 있거나 콧날이 굽은 사람은 고생이 많고 질병에 걸릴 확률도 높다고 본다.

프랑스의 수학자이자 철학자인 파스칼은 "클레오파트라의 코가 1센티미터만 낮았어도 세계 역사는 달라졌을 것이다."라는 말을 했 다. 클레오파트라는 죽는 순간까지 위엄을 잃지 않았던 고대 이집트 의 절세미인이었다. 아름다운 옷에 온갖 보석으로 치장한 다음 꽃 속 에 누운 클레오파트라는 자신이 일부러 놓아둔 독사에게 가슴이 물 려 비장한 죽음을 맞이하였다. 옥타비아누스의 로마 개선 행렬에 포 로로 이리저리 끌려다니며 모욕을 당하지 않기 위해 스스로 선택한 방법이었다. 아무리 힘겹고 어려운 현실이라도 높은 콧대로 자존심을 지키며 사는 게 가장 아름다운 삶이라는 것을 보여 준 여인임에 틀림 없다.

그렇다면 클레오파트라의 코가 어떠했기에 파스칼이 그런 말을 한 것일까? 그녀는 대부분의 서양인들 코처럼 산근과 코의 연결이 잘되어 있다. 동양인들은 이마에서 코로 내려가는 산근 부분이 살짝 곡선임에 비해 서양인들은 대체로 이마에서 코까지 직선에 가깝게 내려가는 형태이다.

콧대가 높으면 코의 산근 모양이 강해 보인다. 콧대가 높다는 것은 자존심이 강하다는 의미이며, 코의 뿌리인 산근 또한 튼튼하고 높다.

산근이 튼튼하다는 것은 건강하다는 의미이기도 하다. 왜냐하면 재물복이 있으려면 건강해야 하기 때문이다. 아무리 다른 부위가 좋아도 질액궁이 좋지 못하면 건강이나 주체적인 활동력은 줄어든다.

이마에 위치한 윗사람의 덕이 산근을 통해 자연스레 내려온다고도 보지만 이마와 코의 연결이 좋다는 것은 실천력과 의지력이 강함을 의미한다. 윗사람의 든든한 백그라운드가 존재한다는 것은 나를 지켜주는 존재가 있다는 것이니 매사 모든 일에 자신감을 가지고 일을 진행할 수 있다.

산근이 좁고 비약하고 가로 주름이 진하거나 흉터가 나서 깨끗하지 못하면 윗사람과의 조화가 깨진 것이므로 윗사람의 혜택이 줄어든다. 산근은 41~43세에 해당하는데 중년의 나이에 직장을 그만두고 새로운 일을 시작하는 사람은 이 부분을 잘 살펴보아야 한다.

중년으로 넘어가는 좁은 길이 산근이고, 말년으로 넘어가는 좁은 길은 인중이다. 이 좁은 길을 잘 넘어가야 중년이 편하다. 산근이 좋지 못하면 어떤 식으로든 재난을 겪고 지나간다.

산근이 너무 높으면 자존심이 강해 인간관계에 트러블이 많다. 너

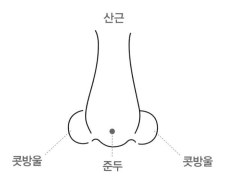

산근

콧방울   준두   콧방울

무 낮으면 자신을 내세우지 못해 줏대 없는 삶을 산다. 무엇이든 너무 넘치거나 모자라는 것은 좋지 않다.

재백궁財帛宮
현금의 출납을 살피는 곳

재백궁은 코를 의미하며 재산 상태와 관리 능력, 금전운와 사업운을 판단하는 부위이다. 관상에서 재물운을 상징하는 곳이 많은데 코는 현금 재화의 출입과 관리 능력을 대표한다. 코가 아무리 좋아도 코의 뿌리인 산근이 튼실해야 하는 것은 말할 필요가 없다. 코가 빈약해도 다른 부위가 좋으면 부를 축적할 수 있지만 많은 돈을 움직이는 사업 가라면 현금의 흐름이 매끄럽지 않아 어려움을 겪을 수 있다. 코가 좋다고 해서 무조건 큰돈을 만지는 것이 아니다. 직장생활을 하며 회삿돈을 주무를 수도 있다.

코를 관찰할 때는 코의 길이와 높이 그리고 전체적으로 코에 붙은 살이 어느 정도인지 살펴본다. 코가 길고 높아도 살로 잘 덮여 있지 않으면 조화롭지 않은 상이다. 우리 몸의 어느 곳이든 뼈가 툭 튀어나오는 것은 좋지 않으며 살로 잘 덮여 있어야 한다. 코가 재물복을 의미한다면 생기가 있어야 재물의 흐름이 원만한 것이니 뾰족한 모양보다는 부드러운 곡선의 모양새를 더 좋게 본다. 코끝이 둥그스름하니 살이 두툼하면 재물의 출입도 원만하다. 코끝이 뾰족하면 기운이 머무를 수 없어 다 흘러가 버린다.

코끝인 준두準頭의 살집이 두툼하고 원만하다면 심성이 원만하고 따뜻한 마음을 가진 사람이다. 코끝에 살이 없고 뾰족한 사람은 생긴 그대로 자기가 꽂힌 분야에 끝까지 매진하는 끈기와 목적지향적인 기질이 있다. 특정한 분야에서는 어떤 성취를 이루기는 하나 융통성이 없어 다툼이 많다. 인생살이가 편안하고 매끄럽게 흘러가지 못한다.

좌우 콧방울은 현금 재물을 모으는 창고와 같다. 코끝은 좋은데 양쪽 콧방울이 빈약해도 좋지 않고, 코끝이 빈약한데 콧방울이 너무 크고 벌어져도 조화롭지 않다. 좌우 콧방울의 모양이 또렷하고 너무 얇지 않아야 재물의 출입을 잘 조절할 수 있다. 코끝과 좌우 콧방울이 둥글둥글하며 살이 적당하게 붙어 있으면 직장생활이나 사회활동이 무난한 사람이다.

콧구멍이 크면 한꺼번에 들이마시는 공기 양이 많고 콧구멍이 작으면 마시는 공기 양 또한 적다. 성격도 이런 기질과 연결된다. 콧구멍이 크면 성격이 화끈하고, 콧구멍이 작으면 소심하다. 돈을 쓸 때도 콧구멍이 크면 크게 쓰지만, 작은 사람은 돈 씀씀이가 작다. 콧구멍의 크기는 마음의 크기를 나타낸다. 콧구멍이 큰 사람은 한마디로 마음 씀씀이가 커서 시원시원하다. 콧구멍이 크다 하더라도 정면에서 보이지 않으면 돈을 함부로 쓰지 않고 앞뒤 생각하면서 베푸는 사람이다. 이에 반해 콧구멍이 작은 사람은 마음 씀씀이도 작고 인색하며 남보다 자신을 먼저 생각하는 경향이 있다.

콧구멍이 훤하게 보이면 재산 관리나 마음 관리에 구멍이 있는 것과 같다. 경제관념이 뚜렷하지 못하고 돈을 열심히 저축하다가도 결국 이런저런 이유로 재물이 새어 나간다. 이런 사람은 실속을 차리기 힘들다.

콧구멍은 마음자리를 의미하므로 자신의 마음을 깊은 곳에 담아 두지 않고 그때그때 할 말 못 할 말 없이 다해 버린다. 솔직하고 뒤끝이 없다. 본인은 솔직하게 말하고 잊어버리므로 속이 개운할지 모르나 상대방의 입장에서는 당황스럽고 대하기 힘든 사람으로 느껴질 수도 있다.

코는 길고 넓어야 하며 콧구멍도 적당히 넓은 것이 좋다. 코끝인 준두가 두툼하고 콧구멍은 약간 보일 정도여야 좋다. 여기에 전체 얼굴과 조화를 이루고 특히 관골과의 조화를 이룬다면 좋은 코에 속한다.

코는 다음의 순서대로 본다

1. 산근의 높이와 넓이

2. 산근의 주름, 흉터, 점 등

3. 코의 길이, 높이, 넓이

4. 코끝의 모양

5. 콧구멍의 모양

6. 코와 관골과의 조화

노복궁 奴僕宮
아랫사람과의 관계, 부동산운과 말년의 운세를 보는 곳

노복궁은 턱을 의미하며 아랫사람, 자식, 내가 거느리는 사람, 부동산
운 등을 알 수 있는 곳이다. 상하 길이가 길고 좌우 폭이 넓고 두터운
살로 잘 덮여 있으면 좋다. 턱이 둥글고 풍만하며 흠집이 없으면 리더
십과 통솔력이 있으니 많은 이들의 보좌를 받아 일에 결실이 있고 사
업운이 좋다. 가정을 안정적으로 이끌고 주거와 부동산운이 좋아 말
년에 복을 누릴 수 있다. 턱의 길이가 짧고 좁으며 얇은 모양이면 부
동산운, 자식운, 부하운, 주거운 등에 여러 가지 부족함이 따른다. 이
부위에 흉터, 주름, 점 등이 있으면 하극상이 따른다.

　노복궁이 약하면 일의 마무리와 성과 등이 약하다. 턱의 모양이 좋
지 않으면 많은 부하 직원을 거느리는 위치나 과하게 넓은 집은 그 사

람의 그릇에 맞지 않으므로 피하는 것이 좋다.

턱이 좌우로 각이 심하게 지면 의지력과 지구력이 너무 강해 오히려 부정적인 면이 드러난다. 남을 생각하고 부드럽게 일을 진척시키기보다는 나의 의지대로만 하려고 한다. 독단적이고 독선적인 성격이 강하기 때문에 주변인들과 함께 일을 하기는 힘든 성격이다.

턱이 뾰족한 사람은 남을 챙기는 것보다 개인적인 일이 더 우선적인 사람이므로 자기의 일과 인생은 잘 챙기지만 남을 보살피고 보듬어 주는 기운은 부족하다. 거기에 볼살까지 없다면 예민하고 신경질적인 성격이어서 주변에 사람이 잘 붙지 않는다.

턱이 작으면 의지력이 약하고 배짱이 없다. 많은 사람을 이끄는 사업이나 분야에는 부적합하다. 이성적이고 생각을 많이 하는 전문 직종에서 일을 하면 능력을 발휘할 수 있다. 이런 사람들은 예민하고 신경질적이며 남을 챙기고 포용하는 역량이 부족하다. 턱이 작아도 뾰족하지 않고 둥그스름하면 원만한 성격을 가지고 있으니 그릇은 작지만 원만한 인간관계를 형성할 수 있다. 끝이 갈라진 턱은 매우 열정적이며 강인한 성격을 의미한다. 자신이 이루고 싶어 하는 것은 끝까지 성취하는 사람이다.

옆에서 봤을 때 턱이 주걱처럼 너무 튀어나와도 안 되고 너무 들어가도 안 된다. 턱이 적당히 튀어나오면 적극적이고 열정적인 사람이다. 턱이 들어가 있으면 소극적이고 이기적인 사람이다. 턱이 너무 짧아도 좋지 않다. 행동은 빠른데 생각이 따라주지 않는다. 어떤 일을 할 때 뭔가 부족하여 만족스럽게 채우기가 어렵다. 턱이 없는 인생은 말년이 불안정하다.

이중턱을 가진 사람은 땅이 하나 더 있는 셈이니 포용력이 더욱 좋다. 사람이 많이 따르고 남에게 베푸는 것을 좋아한다. 베푸는 삶을 산다는 것은 어떤 면에서는 베풀 것이 있다는 것이니 재물복이 있다는 의미이다. 사교성이 좋고 후덕함이 복을 끌어들이는 에너지가 된다. 이중턱인 사람은 젊어서부터 베푸는 것에 익숙한 사람이다. 어느 날 베풀기 시작했다고 이중턱이 되지는 않는다. 대가를 바라고 한 것은 아닐 테지만 뿌린 대로 거두게 되는 것이 이중턱이다. 사람의 마음과 생각에 따라 행동이 달라지고, 행동이 달라지면 그것에 따라 안면 근육이 변한다. 긍정적이고 베푸는 마인드가 오랫동안 누적되어 나타나는 것이 이중턱이다. 턱의 모양이 좋지 못해도 턱 아래의 살이 풍만하여 이중턱 모양을 형성하면 부족한 점이 보완된다.

귀, 이마,
눈썹, 눈

대략적인 얼굴형과 12궁을 살펴봤다면 이번에는 눈, 코, 입 등 얼굴 곳곳의 관상을 보도록 하자.

사람의 얼굴에서 이마는 하늘과 대응하고 눈썹은 은하수, 눈은 해와 달, 코는 큰 산, 인중은 강, 입은 큰 바다, 턱은 지각으로 본다. 귀의 물 기운이 이마로 흘러들어가, 눈썹과 눈, 코를 지나고, 인중을 통해 입으로 들어온다. 코가 자기 자신이라면 좌우 관골, 턱, 이마는 풍수의 사신사(좌청룡, 우백호, 전주작, 후현무)와 같은 역할을 한다. 사신사에 의해 명당(혈)이 만들어지고 바람막이의 기능을 하여 생기를 만들고 흩어지지 않게 하는 것이다. 물이 자연스럽게 잘 흘러들어가고 나감이 좋다는 것은 풍수가 좋은 것이요, 도시 계획이 잘되어 있다는 것이다. 물이 있는 곳에는 수목이 자란다. 얼굴에 물줄기가 흐르는 곳은 모두

털이 자란다.

　귀에서 시작된 물줄기가 이마, 코를 지나 입으로 들어갈 때 강에 비유되는 인중을 거쳐야 한다. 인중이 너무 얕거나 희미하면 코에서 내려온 물이 범람하여 흩어지므로 입으로 들어갈 것이 없게 된다. 입으로 들어가야 할 물 기운이 부족하면 입이 마른다. 생기의 상징인 물 기운이 마른다는 것은 생명력이 약해지는 것이며, 내가 열심히 노력하여 거두는 결실을 취하기 어렵다는 것을 의미한다. 물 기운은 그 사람의 생명력이자 더 나아가서는 재물운의 원천이다. 물줄기가 시작하는 귀와 이마는 초년운을 알려 주고, 눈, 코, 광대뼈는 중년운을, 입과 턱은 말년운을 알려 준다.

　그렇다면 가장 먼저 물 기운이 시작되는 귀를 살펴보자.

귀

귀는 1~14세의 운을 가늠할 수 있는 곳이다. 좋은 귀는 형태보다 색을 우선시한다. 얼굴색보다 희고 맑으며 윤이 나야 한다. 귀의 윤곽(외륜外輪[귀의 바깥부분을 둘러싸고 있는 부분]과 내곽內廓[외륜의 안쪽])이 뚜렷하고 형태가 두텁고 단단하며 탄력이 있어야 한다. 또한 귓불의 살이 도톰하고 이것이 입을 향해 약간 들려 있는 것을 좋게 친다. 윤곽이 가지런하고 귓구멍은 넓으면서 깊어야 물 기운이 잘 흘러들어와 고이므로 재물운이 좋다. 좋지 않은 귀는 어둡고 칙칙한 색을 띤 귀이

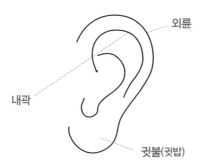

외륜

내곽

귓불(귓밥)

다. 먼지가 낀 것처럼 탁한 색이라면 총명함과는 거리가 멀다. 내곽이 외륜보다 튀어나와 귀 안쪽이 뒤집혀 보이는 귀, 양쪽 크기와 모양이 다른 귀, 크기가 작고 두께가 얇아 힘이 없는 귀는 좋지 않은 것으로 본다.

물 기운이 풍부하면 귀에 털이 자란다. 이것은 장수의 상징이다. 물 기운이 왕성하다는 것은 신장 기능이 좋다는 것을 의미한다. 신장은 오행으로 수水에 속하며, 오성五性에서는 지혜를 의미한다. 귀를 보면 그 사람의 지혜를 가늠할 수 있다. 귀의 단단함 정도, 두께, 크기, 정면에서 귀가 보이는 정도, 귓구멍, 귓불 등을 잘 살펴보면 타고난 체질이나 정력, 총명함, 성품 등을 알 수 있다.

생명력의 근원

귀는 선천적으로 타고난 체력, 정력, 에너지의 강약을 파악할 수 있다. 귀의 형태가 크고 윤곽이 뚜렷하면 에너지의 원천이 깊고 강한 것을 의미한다. 귀가 작고 얇으며 힘이 없고 탄력이 떨어져 보이면 돈을 빌려주지 말라는 말이 있다. 이런 사람이 돈을 빌리러 오면 자세가 반듯하지 못하거나 기력이 좋지 않아 소파나 의자에 비스듬히 기대어 앉는 경향이 있다. 몸을 자꾸 기대고 싶어 하는 것은 현재 에너지가 많이 떨어져 있다는 것이다. 그런 사람에게 돈을 빌려주면 받기가 힘든 것은 당연하다. 재기할 만한 체력과 에너지가 없으니 돈을 빌려주더라도 돌려받을 가능성이 낮은 것이다.

귀가 단단해야 육체도 정신도 건강하다. 만져서 부드럽고 힘이 없는 귀는 어려서부터 잔병치레가 잦고 마음이 모질지 못하고 부드럽다. 귀가 단단하면 건강한 체질에 고집이 센 편으로 자기가 하고자 하는 것은 꼭 이루려는 성향이 강하다.

귀는 신장, 생식 비뇨기 계통, 성 건강과 연결되는 기관이다. 귀의 형상 즉 크기, 두께, 색, 촉감 등을 살펴보는데, 귀가 두꺼우면 신장이 강하고, 얇으면 신장이 약하다. 귀가 얇으면 성 기능이 약하고, 귀가 두꺼우면 성 기능이 왕성하다.

귀는 안면에서 잘 보이지 않아 그리 중요하지 않다고 생각하는 사람이 많다. 하지만 사람이 살아가는 데 필요한 에너지, 정력, 체력 등과 같은 생명력을 주관하는 곳이므로 살면서 힘들고 괴로운 일을 겪어도 다시 일어서게 하는 힘이 있는지를 알 수 있는 중요한 부위이다. 사람을 많이 만나고 왕성한 활동을 하려면 귀가 야무지고 단단해야 한다. 에너지가 강해야 일을 벌이더라도 끝까지 마무리할 수 있는 저력이 있다. 돈을 벌고 지키는 힘의 근원은 귀라고 생각해도 무방할 것이다.

총명함을 알 수 있다

신장의 기능이 좋은 사람은 귀가 밝다. 귀로 듣는 외부의 정보가 뇌까지 전달되고 뇌 신경이 분석하고 판단한 후 심장을 통해 마음이 얼굴로 나타난다. 이것이 기억 속에 저장되어 지식이 된다. 귀로 잘 들어야 뇌에 저장돼 옳고 그름을 분별할 수 있는 판단력이 생긴다. 지혜는 지식이 많은 것을 말하는 것이 아니고 사물의 이치를 빨리 깨닫고 옳고 그름을 가려내어 좋은 소리를 들을 줄 아는 것이다.

그러면 어떤 사람이 잘 들을까? 아무래도 귀가 작은 사람보다 귀가 큰 사람이 잘 듣는다. 여기에 새끼손가락이 귓구멍에 쉽게 들어가면 무엇이든 가르치기가 쉽고 잘 받아들인다. 새끼손가락이 잘 들어가지 않으면 고집이 세고 속이 좁다. '귀에 못이 박히도록' 여러 번 말해도 잘 받아들이지 않고 아집이 강해 자기 뜻대로 하는 경향이 있다.

귀가 정면에서 아예 보이지 않는 사람은 남의 말을 경청하는 척해도 결국은 자기 뜻대로 하는 사람이다. 귀가 정면에서 훤히 다 보이면 남의 말을 잘 너무 잘 받아들여 팔랑귀가 된다. 총명은 귀밝을 총聰, 밝을 명明 즉 청각과 시각을 의미한다. 총명한 사람은 남의 말을 잘 듣는 사람이며 지혜롭고 기억력이 뛰어나다. 귀를 통해 재물을 지키는 힘, 수명, 지혜, 도량 등을 읽을 수 있다. 남의 말을 경청하지 않고 자기 말만 하는 사람치고 지혜로운 사람이 있던가.

귀의 위치와 타고난 성품

귀의 높이로 지향점과 성품을 알 수 있다. 귀의 위치가 높을수록 정신적 만족을 추구하고 귀의 위치가 낮을수록 물질적인 것을 추구한다. 보통의 귀는 눈과 눈썹 사이에 위치하고 있다. 귀의 상단 부분이 눈썹보다 위에 있으면 높은 것이고, 코끝보다 아래에 있으면 낮은 것이다.

귀 위치가 높이 있는 사람은 이성적인 능력과 식견이 높은 사람이다. 참모 역할이나 전문가로서 연구직에 종사하면 능력을 발휘할 수 있다고 본다. 거기에다 생김새까지 좋으면 부귀를 물론이요, 군 장성이나 법조계에서 명성을 날릴 수 있다. 귀 위치가 낮게 있는 사람은 포용력과 배려심이 있어 리더의 기질을 가지고 있다. 자수성가형이 많으며 정치인, 기업가, 자영업 등에 적합하다,

귓불, 뒤집어진 귀, 뾰족한 귀는?

귓불은 다른 말로 귓밥이라고 한다. 흔히 귀지를 귓밥이라고 하는데, 귀지의 사투리 표현이니 혼동하지 않길 바란다. 귓불, 즉 귓밥은 귀의 밥이니 먹을 복을 의미한다. 귓불이 두툼하면 평생 굶을 일이 없다는 것이다. 이 부위가 크고 두툼하면 경제적 어려움 없이 풍족하게 살아갈 운명이라고 본다. 대인관계가 원만하고 낙천적이고 감정이 풍부하다. 정이 많은 사람으로 어려운 사람을 잘 돕고 인기가 많다.

귓불이 작은 사람은 신속하게 행동하고 이성적인 판단이 빠른 사람이다. 매사 맺고 끊음이 정확하고 냉정한 사람이다. 이성적이고 분석

적이며 탐구적인 성격을 필요로 하는 의사, 교수, 기술자 등에 종사하는 사람 중에 이런 사람이 많다.

귀의 바깥 부분인 외륜보다 그 안쪽의 내곽이 두드러지게 튀어나온 귀를 반이反耳, 개화이開花耳라고 한다. 내곽은 자기 자신, 주체성, 자아를 상징하는데, 그것이 밖으로 도드라졌다는 것은 주체성과 독립심이 매우 강하다는 것을 의미한다. 상하 위계질서가 명확한 조직생활을 힘들어한다. 조직에 속해 있더라도 어느 정도 자기 주관대로 일을 처리할 수 있는 권한이 있거나 새로운 아이디어나 창의력을 발휘할 수 있는 분야에서 일을 하는 것이 좋다.

귀의 윗부분이 늑대처럼 뾰족하고 윤곽이 없는 칼귀는 동물적 감각이 뛰어나다. 다른 사람에 비해 행동력이 빠르고 관찰 능력이 뛰어나다. 과거에는 이런 모양의 귀를 기피했지만 현대에는 남이 가지지 못한 능력으로 보아 탐정, 형사와 같은 직업에 종사하면 타고난 능력을 발휘할 수 있다고 본다.

이마
....

이마는 앞에서 설명한 12궁 중에서 부모궁, 관록궁, 복덕궁, 천이궁이 위치한 곳으로 하늘의 복을 물려받는 마당이라고 한다. 15~30세까지 인생의 초반기 15년간의 운세를 관장하는 곳이다. 이마를 볼 때 무엇보다 중요한 것은 얼굴을 상정, 중정, 하정, 세 부분으로 나누었을 때

이마, 즉 상정의 비율이 적당한 것이다. 이마가 너무 넓어 비율을 벗어날 정도로 균형과 조화가 맞지 않으면 좋지 않다고 본다.

모양이 간을 엎어놓은 듯 볼록하며, 좌우가 넓고, 살집이 두터운 것을 좋게 친다. 이마는 하늘이므로 구름 없이 맑고 밝고 윤택해야 한다. 상처, 점, 주름 등 어떤 흠집이 있으면 인생살이에 있어 막힘이 있는 것으로 본다.

지적 활동과 학습 능력을 살핀다

사람을 관찰할 때는 어떻게 생겼는지 모양을 살펴보고 기운이 어느 방향으로 쏠려 있는지를 염두에 두어야 한다. 정신적인 에너지를 잘 쓰는 구조를 가졌는지 육체적인 에너지를 더 잘 활용하는 사람인지 먼저 구분해 볼 필요가 있다. 이마는 뇌를 담는 그릇이므로, 귀에서 시작한 흐름이 이마에서 어떻게 어떤 모양으로 발현되었는지를 보면 지적 활동과 학습능력을 가늠할 수 있다. 한마디로 이해력, 논리력, 추리력, 직관력 등 어느 분야에 적합한 능력을 가졌는지, 공부를 얼마나 잘하느냐 보는 것이다.

이마에 있는 전두엽은 기억력, 사고력 등을 주관하는 기관이다. 다른 대뇌엽에서 들어온 정보를 조정하고 그에 따라 행동을 조절하며 의사결정, 문제 해결, 계획, 사고력, 언어 기능 등을 담당한다. 이마가 넓다는 것은 이러한 기능을 잘 수행해 낼 수 있는 기본 요건을 갖춘 것이다. 이마의 넓이만큼 생각이 미친다. 고로 이마가 넓을수록 지적 능력이 우수하다고 본다. 또한 이마는 선천운이자 초년운을 나타내는 곳이라 따뜻한 부모 밑에서 큰 풍파 없이 원만한 환경에서 성장한다. 머리가 좋아 법조계, 정계, 교수 등 정신적 에너지를 활발하게 쓰는 분야에 종사하게 된다.

이마가 넓지 않다고 실망할 필요는 없다. 어릴 때 반에서 친구와 놀기를 좋아하고 전혀 공부와 거리가 먼 아이들이 장사나 사업을 해서 성공한 예가 많기 때문이다. 이마가 낮거나 함몰되어 있고 잔주름이 많으면 학업에 대한 열의가 떨어져 공부에 별 뜻이 없다. 설령 공부를 잘하더라도 경제력이 따라 주지 않아 우여곡절을 많이 겪는다. 부모의 금전적 혜택도 부족하여 일찌감치 사회생활을 시작하게 된다. 그런 경험과 노하우가 바탕이 되어 중년이 되면 자영업, 영업직, 사업 등 다양한 분야에서 자수성가하는 사람이 많다.

네모난 이마, M자형 이마, 둥근 이마

그다음은 이마의 모양으로 타고난 성격을 짐작해 볼 수 있다.

도형의 성질을 생각해 보자. 동그란 물체는 잘 굴러간다. 생김새가 원만한 것처럼 생각도 유연하고 부드럽고 친밀하다. 네모난 이마처럼 각이 진 형태는 모가 나서 잘 굴러가지 않는다. 가치관도 생각하는 것도 각이 져 있다. 둥그스름하게 얼렁뚱땅 넘어가는 것을 보지 못한다. 자기가 생각한 것은 실천에 옮겨야 하고 매사 일 처리도 반듯반듯한 사람이다. 딱딱 떨어지는 것을 좋아한다. 자신의 기준이 매우 정확한 사람이다. 이런 성격이 어떤 분야에서든 사회적 성공의 밑받침이 된다. 어떤 분야든지 전문적으로 파고드는 능력이 탁월하며 뭔가를 연구하고 탐구하는 스타일이다. 공부에 파고들면 공부를 잘하고, 춤을 추더라도 누구보다도 깊게 파고들어 전문성 있게 발전한다. 남성적인 면이 두드러지게 보인다. 차인표, 박진영, 홍정욱의 이마가 네모난 이마에 속한다.

M자형 이마는 이마의 양쪽 구석이 위로 파여 올라간 모양을 말한다. 여성보다는 남성에게 더 많다. 사물에 대한 탐색과 연구하기를 좋아하고 생각이 많아 철학적인 면이 발달했다. 섬세하고 아이디어가 좋아 예술적인 분야에 두각을 나타내기도 한다. 상상력, 독창력, 추리력이 우수해 연구, 디자인, 기획 분야에 적합하다. M자형 이마라 하더라도 폭이 좁으면 재능이 떨어지고 소심한 성격이 된다.

여성의 경우 탈모의 원인이 되는 남성 호르몬이 여성의 난소와 부신에서도 소량 분비된다. 여성이 M자형 이마를 가지고 있으면 호르몬의 영향으로 섬세하고 부드러운 여성적인 기질보다는 주체성과 주관이 강하므로 집안 살림만 하기보다는 사회생활을 하는 것이 좋다. 나름대로 사회적으로 성취를 이룬다.

태어나면서부터 이마가 둥근 사람은 생각도 둥글다. 생각이 둥글다는 것은 자기 주관이 뚜렷해 깐깐하고 고집스럽다기보다는 부드럽고 감성적인 성향이 강하다는 것이다. 모나지 않는 원만함으로 주변 사람들을 대하게 되니 사교적이고 친화력이 좋은 사람이 된다.

남자보다 여자에게 많이 보이는 둥근 이마는 여성적이고 부드러워 보인다. 표현력도 좋고 정이 많아 직장에서도 원만한 대인관계를 형성한다. 네모난 이마처럼 딱딱 떨어지는 성격이 아니므로 특정 주제만을 깊게 다루는 분야보다 사람을 직접 상대하는 대인업무, 서비스업에 잘 어울린다.

그 외에 잔털이 많은 이마를 이야기해 볼 수 있다. 잔털이 많이 나 있으면 지적 활동을 통해 직업을 구하기보다는 육체적이고 본능적인 능력이 요구되는 분야가 적합하다. 이마에 털이 많으면 두뇌 작용과 기능을 떨어지게 만들므로 오랫동안 공부를 하는 분야는 적합하지 않다. 스포츠, 연극, 영화, 예술 등에 진출하는 것이 더 잘 어울린다.

눈썹

눈썹의 가장 큰 역할은 눈을 보호하는 것이다. '몸이 천 냥이면 눈은 구백 냥'이란 말처럼 눈은 우리 몸에서 매우 중요한 곳으로, 밖으로 드러난 뇌이며, 그 사람의 정신 세계를 가장 잘 알 수 있는 곳이다. 눈은 곧 나 자신이며, 눈썹은 나를 보호해 주니 주변 사람과 형제, 부모를 의미한다고 볼 수 있다. 한 사람의 일생 중 31~34세의 운기를 볼 때 이 눈썹을 본다.

요즘은 여자뿐 아니라 남자들도 눈썹에 굉장히 공을 들인다. 나는 그것이 사소하지만 굉장히 적극적인 자기 경영법이라고 생각한다. 그 이유는 눈썹이 인간관계, 즉 상대방을 받아들일 마음의 준비가 되었는지를 읽을 수 있는 곳이기 때문이다. 눈썹을 그린다는 것은 상대방과 활발하게 교류할 준비를 하는 마음 자세를 내포한다. 눈썹이 옅고

숱이 적은 사람은 인간관계의 폭이 좁고, 눈썹이 길고 잘생긴 사람은 주변에 사람이 많다. 좋은 눈썹의 조건은 앞부분 12궁의 형제궁 설명을 참고하길 바란다.

그 외 몇 가지 더 이야기하면, 눈썹털이 빡빡하면 단순하고 융통성이 부족한 사람이다. 눈썹이 부드럽고 눈썹 밑으로 살이 약간 비치는 정도라면 성격이 섬세하고 세밀한 사람이다. 남자의 눈썹이 너무 부드럽고 얇다면 성품 또한 곱고 부드럽다고 본다. 그래서 여성들과 친밀감을 빨리 조성하고 자연스럽게 여성의 심리를 잘 파악하게 되어 이성 문제에 빨리 눈을 뜬다.

눈썹의 앞부분은 윗사람과의 조화, 끝부분은 아랫사람과의 조화를 보는 곳이다. 끝부분의 형태가 매끈하게 마무리가 잘되어 있어야 부하 직원이나 후배들과의 관계가 좋다. 많은 제자를 양성해도 스승의 눈썹 끝이 희미하거나 산란하면 끝까지 따르는 제자가 없거나 배신을 당할 수 있다.

눈

비즈니스상 누군가를 만났을 때 아무리 계약조건이 좋고 성실해 보이고 매너가 좋다 해도 뭔가 찜찜하고 집에 가서도 계속 마음에 걸리는 경우가 있다. 딱히 구체적으로 말로 표현하기 어렵지만 어쩐지 망설여지는 것이다. 이는 눈빛 때문이다. 눈에 나타난 찰나의 순간을 보고 그 사람의 마음을 읽은 것이다.

눈은 35~40세의 운기를 읽을 수 있다. 눈빛, 눈의 크기, 눈꼬리, 눈동자 등을 보고 그 사람의 정신 상태, 의지력, 선악, 능동·수동적 성향 등을 파악한다.

좋은 눈이란 흑백이 분명하고, 다소 가는 듯하면서 길면 길수록 좋으며, 눈을 떴을 때 검은자위가 흰자위보다 많아야 하며, 눈빛이 좋은 것을 말한다.

눈빛을 보면 그 사람의 현재 운을 알 수 있다

기색은 사람의 마음 작용으로 얼굴에 드러나는 빛을 말한다. 어떤 행동이나 현상들이 일어나는 것을 짐작할 수 있는 눈치나 낌새라 할 수 있다. 몹시 화가 나거나 흥분하면 얼굴빛이 붉게 또는 푸르게 변한다. 너무 놀라면 '얼굴이 하얗게 질렸다'는 표현을 쓴다. 마음이 어두우면 얼굴색도 어두워진다. 사랑을 하면 얼굴이 환하게 피어난다.

눈빛은 그 사람의 건강이나 심리에 따라 수시로 변하는데, 정신이 안정되고 마음이 편안한 사람은 눈빛도 안정돼 보인다. 마음에 여유가 없고 불안정한 사람은 눈빛도 흔들린다. 이런 사람은 정신이 단전에 가득 차지 않았으므로 자연스럽게 단전의 기력이 약해진 것이다. 기력이 약해지면 눈빛도 흐려진다.

자신의 운을 가장 잘 말해 주고 있는 것이 눈빛이다. '눈빛이 살아있다'는 말은 현재 운이 좋다는 말이다. '눈이 죽어 있다', '썩은 동태눈'이란 표현은 지금 상태가 매우 나쁘거나 운이 매끄럽지 않다는 의미이다. 건강이 좋지 않거나 복잡한 상황에 처해 있다고 볼 수 있어 정신적, 육체적으로 문제가 많은 사람이라고 해석한다.

같이 일을 도모할 때는 반드시 눈빛을 잘 살펴야 한다. 눈빛이 안정적인 사람은 주관이 뚜렷하고 어떤 일을 하든지 맡은 바 성실하게 일을 한다. 마음이 넓고 포용력이 있어 사람들과의 트러블이 적은 편이다. 무언가를 이루기 위해 열심히 노력하고 실력을 닦은 사람의 눈빛은 빛이 나게 되어 있다. 눈이 흐려지면 운이 막힌다. 일 처리를 분명하게 하지 못하고 경솔한 행동이 나온다. 또한 판단력과 분석력이 부족하다. 생각하기를 싫어하고 일 처리도 충동적으로 하는 경향이 있어 신뢰감을 주지 못한다.

눈동자가 빠르게 움직이는 사람은 직감이 발달하고 통찰력이 있는 반면, 계산적이고 분석적인 사람이다. 눈동자가 계속 움직이고 있다면 거짓말을 하고 있거나 심리적으로 불안한 상태이며 교활하고 간사한 사람이라 본다. 눈에 쌍심지를 켜고 도끼눈을 일삼으면 배우자(이성)를 극한다. 눈은 해(양)와 달(음)로 남녀를 의미하므로 눈빛이 편안해야 이성운이 좋아진다.

눈꼬리를 보면 동적인 성향을 알 수 있다

눈꼬리가 위로 향하면 어떤 일을 주도하는 기운이 많고, 하향이면 수동적으로 따라가는 기운이 많다. 눈꼬리가 상향인 경우 양의 기질이 있어 동적動的인 성향을 가진다. 적극적으로 실천하고 도전하는 성향이다. 활동적인 면이 강하여 모험을 즐기고 활달하다. 충동적이고 돌발적인 면이 있으며, 감정과 생각 등을 숨기지 못하고 겉으로 표출을 하는 편이다. 삼국지의 장비를 생각하면 된다. 무인의 기질이 강해 매사 행동력이 앞서고 생각한 바를 바로 실천에 옮기므로 실수가 잦고 단순한 기질을 가졌다. 군인·경찰·운동선수 등의 직업을 가지면 자신의 기질을 잘 활용할 수 있다.

눈꼬리가 하향하면 음의 기질이 있어 정적靜的인 성향을 지닌다. 성격이 온유하고 침착하지만 복합적인 성격으로 속을 알기 어렵다. 내향적이고 소극적이며 차분하고 침착한 편이다. 신중하고 차분한 사람으로 보여지며, 자신의 속내를 잘 드러내지 않는다. 심사숙고해서 실천에 옮기는 편이므로 자칫하면 행동력과 실천력이 약해 보일 수도 있다.

눈꼬리와 눈썹이 같은 방향이면 판단하기가 쉽다. 둘 다 상향이면 적극적이고 활동적인 사람이며, 둘 다 하향이면 소극적이고 소심하며 신중한 타입이다. 그런데 눈썹은 상향이고 눈꼬리는 하향인 사람이 있다. 위아래가 조화롭지 않으니 말 그대로 상하 충돌이 생겨 마음속에 갈등이 많다.

눈이 크면 감성적, 작으면 이성적

초식동물의 눈은 대체로 큰 편이고, 육식동물은 초식동물에 비해 작은 편이다. 풀을 뜯어 먹는 동안 주변을 잘 살펴야 적으로부터 빨리 도망갈 수 있으니 눈이 큰 것이다. 그래서 눈이 큰 사람은 겁이 많다고 한다. 자기감정에 충실하고 감성적이므로 인기가 많고 적극적이다. 눈에 보이는 것이 많으니 적극적이고 즉흥적인 성향으로 소비지출이 많다. 창의력, 아이디어, 감수성이 발달하였다. 성악가 조수미, 발레리나 강수진 등 눈이 큰 사람 중에서 문화·예술 방면에서 성공한 사람이 많다. 눈 큰 연예인 중에 여러 번 이혼한 사람이 많은 것도 순수하고 계산적인 사람이 아니므로 사랑을 할 때는 있는 그대로의 감정에 충실하기 때문이다. 사람을 잘 믿으므로 보증을 서거나 돈을 잘 빌려줘서 돈 관리가 제대로 되지 않는다.

눈이 작은 사람은 큰 사람에 비해 신중한 편이다. 눈이 크면 감정지향적, 눈이 작으면 목적지향적인 사람이다. 눈이 작은 사람은 목적한 바가 있다면 신중하게 결정하고 행동으로 옮긴다. 눈이 큰 사람보다는 덜 적극적이지만 무엇이든 이성적으로 판단하고 고려해서 일 처리를 하므로 실수가 적은 편이다. 상대방에 대한 배려와 사려가 깊으며 진중히 기다려 주는 면이 있다.

눈동자의 경계가 또렷하지 못하면 재물복이 약하다

눈은 검은자위와 흰자위의 흑백이 분명해야 한다. 눈의 흑백이 분명하면 모든 면에 있어서 일 처리가 정확하고 분별력이 뛰어나다. 주관이 뚜렷하며 영리하다.

눈동자가 크고 검은 사람은 지혜롭고 현명하다. 동공의 깊이와 색상이 매우 까맣고 분명하여 깊어 보이는 눈동자를 점칠안點漆眼 이라고 한다. LG그룹 구본무 회장은 단순히 눈의 검은자위가 짙은 것이 아니라 동공이 블랙홀처럼 깊은 빛을 반사하여 찬란한 느낌을 준다.

눈동자가 작고 진하며 검은빛이 나 점을 찍어 놓은 것 같은 사람은 재물을 끌어당기는 기운이 강하다. 이런 사람은 사리가 분명하고 신의가 있어 아주 귀하게 되거나 크게 사업을 일궈 큰 부자가 된다.

검은자위가 클수록 선하고 감정이 풍부하고 열정적이다. 눈동자가 작으면 작을수록 이성적이고 정신력이 강하다. 눈동자가 검지 못하고 노란 사람은 성격이 급하고 욕심이 많다. 검은자위와 흰자위의 흑백이 분명해 경계선이 또렷한 사람은 총명하고 부귀할 것으로 본다.

눈동자의 경계가 또렷하지 못하고 희미한 사람은 재물복이 약하다. 검은자위의 색 농도가 옅으면 집중력도 떨어진다. 남이 보기엔 성격이 부드럽고 유연해 좋은 성격으로 보일 수 있겠지만 매사 의사결정이 늦거나 결정을 하지 못하고 오랫동안 고민을 하는 경우가 많다.

눈에서 눈동자의 검은 부분이 작고 흰자위가 넓은 것은 좋지 않다. 흰색은 오행에서 금金에 해당되기 때문에 흰자위가 많으면 금의 숙살지기肅殺之氣(쌀쌀하고 매서운 기운)가 있는 것으로 재물운과 이성운에 살기로 작용하여 좋지 못하다고 판단한다. 흰자위가 푸르스름한 흰색을 띠는 경우 스트레스를 많이 받거나 배우자와의 관계가 조화롭지 않은 상태에 있다는 것을 암시한다.

눈의 크기가 다르면 이중적이다

마지막은 눈의 크기를 이야기해 보자. 눈의 크기가 서로 다르면 음양안陰陽眼이라고 부른다. 음과 양의 속성을 다 가지고 있으므로 이중적인 성격의 소유자이다. 자기의 본심을 웬만하면 드러내지 않으며 겉과 속이 다른 사람이다. 눈의 크기가 다른 것은 타고나서 그런 것도 있지만 주로 살다 보니 그렇게 변하는 경우가 많다. 뇌의 어느 부분을 많이 쓰느냐에 따라 얼굴이 달라지기 때문이다.

눈은 마음의 창이다. 눈의 크기가 다르다는 것은 심성이 바르지 않다는 것이다. 마음 쓰임이 남들과 다르다. 재치 있고 요령은 좋으나 교묘하게 남을 잘 이용하는 타입이다. 이런 점도 달리 보면 위기관리 능력이 뛰어나고 임기응변에 강하다고 할 수 있다.

코, 관골,
인중, 법령

코
......

사람의 자존심과 기가 눌린 것을 두고 흔히 '콧대가 납작해졌다'라는 말을 쓴다. 술에 취해 인사불성이 된 사람에게는 '코가 삐뚤어지도록 술을 마셨다'라고 표현한다. 이처럼 코는 자아, 자존심, 자기 자신의 기운, 자신의 위상을 상징한다. 또한 코는 41~50세의 운기를 볼 수 있는 곳이다. 관상학적으로 코는 코의 뿌리인 산근과의 연결성, 코와 관골과의 조화를 같이 살펴야 한다. 자세한 이야기는 12궁의 질액궁과 재백궁을 참고하길 바란다. 다만 여기서는 앞에서는 다루지 못한 코에 관한 이야기를 몇 가지 언급하도록 하겠다.

코가 길면 뚝심이 있다

코가 길면 마음먹은 것은 끝까지 해내는 기운이 있으며 중간에 생각을 자주 바꾸지 않는다. 지구력이 있고 책임감이 강하며 보수적인 성향으로 볼 수 있다. 새로운 정보를 받아들이는 면에서는 더딘 편이다.

코가 짧은 사람은 그때그때 상황에 따라 빠르게 변화하고 행동한다. 아니다 싶으면 생각을 빨리 접고 다른 것으로 넘어간다. 순발력이 좋고 행동력이 빠르며 고지식하거나 보수적이지도 않다. 생각이 유연해 새로운 변화에 민감하게 반응한다.

그릇이 넓으면 많은 양의 음식을 담을 수 있는 것처럼 코가 넓다면 이마와 산근에서 시작되는 선천운과 부모운을 잘 받아들이고 운용할 수 있다고 본다. 코가 좁으면 이마가 넓더라도 내가 받아낼 수 없는 모양새가 된다. 부모가 아무리 도와주려고 해도 받을 상태가 되지 않았거나 도와줘도 다 흘려버리는 양상이 발생한다.

관골
......

관골(광대뼈)은 코와 더불어 중년운, 특히 46~47세의 운기를 보는 곳이다. 인내심, 기력, 명예, 활동력, 실행력, 외부로부터의 저항력 등 그 사람의 사회성, 사회활동의 역량을 이 관골을 통해 살필 수 있다.

관골은 재물운을 관장하는 코를 보호하는 역할을 한다. 그래서 관골을 볼 때 코와 관골의 조화로움을 같이 살핀다. 타고난 재능이나 복이 조금 부족하더라도 관골이 좋으면 주변 사람의 도움으로 성공할 수 있다고 본다. 인덕을 알 수 있는 곳이다.

자기가 아무리 능력이 있더라도 관골이 받쳐 주지 않으면 40대의 삶이 험난해진다. 코만 높고 관골이 낮은 사람은 주변인들이 따르지 않는 형상이, 코가 작고 관골이 발달한 사람은 자신은 보잘것없는데 주변인들이 다 잘나서 위축되는 형상이 된다.

출세와 승진에 관한 관운은 초년에는 관록궁을 위주로 보고 중년에는 관골을 참작한다. 관골이 코와 적당히 조화를 이루고 살이 두툼하면 일반 직장인은 승진도 순조롭다. 관골에 살이 없이 흘러내린 듯하면 나를 보좌해 주는 친구, 동료, 부하, 횡적 관계에 있는 사람들이 약하다는 것이며 사회성도 부족하다. 사업보다는 전문기술직, 특수직, 학자, 연구원 등의 길로 가는 것이 좋다.

관골에 살이 없고 뼈가 툭 불거진 사람은 남에게 지기 싫어하는 기질이 강해 독선적인 사람이다. 앞쪽으로 모인 관골(앞쪽 광대뼈가 발달)은 재물을 모으는 데 유리하고 옆쪽으로 벌어진 관골(옆쪽 광대뼈가 발달)은 수명이 길다.

관골이 비교적 위로 올라붙어 있을수록 성질이 급하고 자신을 먼저 내세우려고 하는 성향이 있다. 관골이 아래로 내려갈수록 양보심이 많고 부드러운 사람이다.

관골이 큰 사람은 결정하면 바로 행동하는 실행력이 좋고 자신의 명예를 중시한다. 살이 없이 밋밋한 관골을 가진 사람은 사회성과 활동력이 떨어지고 인맥이 약해 뭐든 혼자서 해결해 나가야 한다.

관골에 생기는 깊은 주름, 기미 등은 자신의 명예가 손상되거나 돈 문제가 있거나 남에게 드러내지 못하는 고민 등이 있음을 의미한다. 관골의 근육은 입꼬리를 올려 주는 근육과 연결되어 있어 하는 일이 잘되고 일이 재미있으면 관골이 자꾸 위로 올라가 탄력이 생긴다. 반대로 혼자 살거나 사람들과 교류가 적으면 관골이 자꾸 흘러내린다. 대인관계가 원만하고 웃을 일이 많으면 아름다운 관골이 형성되어 인덕이 쌓이게 된다.

인중

인중은 51~55세의 운기를 볼 수 있는 곳이다. 코의 산근이 41세 중년의 시작점이라면, 중년을 지나 말년이 시작되는 시작점이 바로 인중이다.

그렇다고 인중을 보고 51세 이후의 운기만 볼 수 있다는 것은 아니다. 우리 몸은 기본적으로 타고난 골격과 근육이 크게 변하지는 않지만, 내가 어떻게 살아왔느냐에 따라 근육이 붙기도 하고 없어지기도 한다. 그래서 관상이 변한다. 볼살이 두툼한 사람이었다가도 신경을 많이 쓰거나 건강이 좋지 않으면 살이 꺼지기도 하는 법이다.

이마는 선천운이라 타고난 골격과 근육에 그대로 영향을 받았다면, 중년에 해당하는 코와 관골은 내가 살아온 흔적을 반영한다. 많이 웃으면 관골 부위가 발달하고 코의 양 콧방울이 빵빵해지므로 재물운이 좋아진다. 중년운이 좋다는 것은 그만큼 그 사람이 주변인들에게 많이 베풀고 긍정적으로 살아왔다는 것을 의미한다.

인중 또한 그렇다. 40대의 성적표이다. 인중 양옆에 있는 입두덩이가 두둑하면 강물이 풍성해 넓은 들판의 곡식을 많이 수확할 수 있는 것과 같다. 남자의 경우 수염이 잘 자란다는 것은 수분이 충분하다는 증거이므로 재물운에 좋은 징조가 된다.

인중은 길고 곧으면서 윤곽이 뚜렷할수록 좋다

인중을 볼 때는 우선 인중의 길이, 윤곽, 곧은 정도, 모양을 위주로 본다. 좋은 인중은 곧고 넓으며 세로선이 분명한 모양을 하고 있다. 길다는 것은 기운이 길게 간다는 것이고, 곧다는 것은 목적한 곳으로 흘러간다는 것이며, 윤곽이 뚜렷하다는 것(인중이 깊다)은 물을 모으는 둑이 높은 것이니 이마와 코를 타고 내려온 기운이 입으로 잘 들어갈 수 있게 해주는 것이다.

인중이 뚜렷하지 않고 얕으면 흐르는 물 기운도 적다. 갑자기 물이 가득 들어와도 그것을 입으로 가져가지 못하고 범람하는 모양이 된다. 인중이 길면 기운도 길게 가고 짧으면 짧게 간다. 인중이 길면 성격이 느긋하고 수명이 길다고 하며, 인중이 짧으면 성격이 급하다고 한다.

인중은 윗부분보다 아랫부분이 갈수록 넓어지는 것을 좋은 모양으로 친다. 윗부분이 넓다가 좁아지면 흘러오던 물이 제대로 흘러가지 못하니 좋지 않다.

흉한 인중은 윗입술이 말려 올라가거나, 인중이 밋밋하거나, 폭이 너무 좁거나, 인중이 삐뚤어진 경우를 말한다. 인중에 가로 주름, 흉터, 점 등이 있으면 운의 흐름에 방해가 되니 좋지 않은 것으로 본다.

인중, 자식을 기르는 자리

인중은 다른 의미로 자식을 기르는 자리이다. 인중이 좋으면 나의 자식뿐 아니라 나보다 어린 사람을 잘 돌보고 키운다. 머리로 생각하고 이론적으로 키우는 것이 아닌 가슴에서 저절로 우러나오는 모성애를 의미한다. 결혼을 해도 배우자의 인중이 좋으면 남편을 비롯한 가족들을 잘 먹이고 돌보는 편이다.

사업을 하는 사람이면 내가 데리고 있는 부하 직원을 의미한다. 마찬가지로 인중이 좋으면 부하 직원들과 자주 회식을 하는 등 먹는 것과 관련해서는 아끼지 않는 편이다. 마음이 풍성하고 따뜻한 사람이므로 인정이 많다.

아이를 맡기려면 그 사람의 인중을 살펴보라. 인중이 좋은 사람이 진정 아이를 생각하며 키워 줄 사람이다. 강아지도 인중 좋은 주인을 만나면 로또 당첨된 것과 같다. 김완선은 인중이 정말 좋은데, 자식이 없어도 고양이들을 성심성의껏 사랑으로 보살피는 것을 보면 참으로 대단하다는 생각이 든다. 인중이 좋지 않더라도 실망하지는 말자. 윗입술선이 M자를 그리며 선명한 모양을 하고 있으면 자식복이 있다.

50대에 긍정적 마인드를 갖고 살면 입의 나이인 60대가 좋다. 씨는 미리 뿌려 놓아야 거둘 것이 있는 이치와 같은 것이다.

법령
·········

법령法令은 양쪽 콧방울에서 시작해 좌우로 자연스럽게 흘러내려오는 선을 말한다. 일명 팔자 주름이다. 56~57세의 운을 지배한다. 법령을 보면서 중년 이후의 사업운과 신용, 사회적 지위와 명예 그리고 수명을 가늠한다. 또한 법령은 법을 정하고 명령할 수 있는 힘을 상징하는데 같은 맥락에서 지도적 역량을 엿볼 수 있는 곳이라 할 수 있다. 법령의 진하기와 폭, 길이를 보면서 그 운기를 짐작한다.

팔자 주름이 진하면 나이 들어 보이기 때문에 대체로 여성들은 이 팔자 주름을 없애고 싶어 한다. 평균 수명이 늘면서 직업 활동을 하는 기간도 길어지다 보니 늙어 보이는 것보다 젊어 보이는 것을 선호하는 것은 인지상정이다. 그러나 관상학에서는 법령이 상당히 중요한 의미를 가지고 있어 함부로 손대지 말아야 하는 부위이다.

법령선이 뚜렷하면 소신 있는 사람이다

법령선이 뚜렷하면 자기 원칙이 확고하다. 한 가지 일을 꾸준히 하는 성실성과 지속성이 있으므로 자신의 분야에서 인정을 받거나 직업적으로 확고한 위치를 가졌거나 소신이 분명한 사람이다. 법령선이 길면 정년퇴직해서도 내가 관리할 영역이나 또 다른 직업이 생긴다. 연구원, 교수, 판사 등 전문직 분야에 잘 어울린다. 주관이 뚜렷한 사람이니 인간관계에 있어서도 쓸데없이 변덕을 부리거나 하지 않는다. 한번 마음먹은 것은 꾸준히 하는 사람이다.

법령선이 뚜렷하고 모양이 좋으면 타인에게는 물론 자신의 일에도 엄격하고, 아랫사람을 통솔하는 능력이 있다.

법령선이 흐릿하거나 없으면 자기의 법이 확실하지 않은 사람이다. 다른 사람의 말을 잘 받아들이며 자기 생각만을 고집하지 않는다. 융통성과 유연성이 좋아 자기보다 어린 사람들과도 잘 어울린다. 성격이 명랑하고 밝다. 어린아이는 법령선이 없다. 아직 자기 소신이나 법칙이 확고하게 서지 않은 나이이기 때문이다.

그러다 보니 꽤 나이가 있는데도 법령선이 없다면 그 나이에 자연스레 해야 할 재산 관리나 돈 관리가 제대로 되지 않는다. 직업이나 재산 관리의 측면에서는 마이너스 요인이 많다. 나이 들면 그 나이에 알맞은 생각과 가치관을 가져야 한다. 집을 사더라도 주변의 말을 듣고 홀라당 팔아버린다던가 일이든 뭐든 꾸준히 성실하게 해내는 역량이 부족하다. 법령선이 희미하면 나이 어린 사람들과 잘 어울리고 친목을 도모할 수는 있으나 사회적 성취나 일적인 면에서는 통솔력이 부족해 아랫사람이 믿고 따르지 않는다.

법령선의 폭을 보면 그 사람의 활동 영역을 알 수 있다

법령선의 넓고 좁음은 활동반경을 나타낸다. 양쪽 법령선의 사이 폭이 넓은 사람은 웃을 때 보아도 굉장히 호탕하고 시원시원하게 보인다. 활동반경이 넓고 사교 수완이 뛰어나고 마음먹은 것은 하는 성격이다. 타지로 나가도 적응을 잘하여 재빨리 자신의 생활 영역을 구축하고, 새로운 일에도 적응력이 뛰어나다. 친구도 많고 도와주는 사람도 많다.

법령선의 폭이 좁게 내려온 사람은 아무리 활짝 웃어도 소심하고 소극적인 사람으로 느껴진다. 활동반경이 좁고 친구가 많지 않고 사교 수완도 부족하다. 자아가 강하고 마음이 넓지 않으므로 옳고 그름이 분명한 안정적인 직업에 종사하는 것이 좋다.

법령선의 폭이 넓으면 그 사람이 관리하고 다스리는 영역의 넓이를 알 수 있다. 넓다는 것은 내가 가진 역량이 충분하여 그만큼 아랫사람이 많고 포용력이 있다고 본다. 좁다는 것은 다스리는 영역이 넓지 않으므로 역량이 적은 사람이다. 여자라도 한 기업의 총수 정도 되는 사람이면 법령선이 넓게 퍼지는 것을 볼 수 있다.

지나치게 진하거나 깊어도 좋은 것은 아니다

모든 것은 과유불급이라. 젊어서부터 법령선이 너무 진하고 깊으면 자기 고집이 너무 강해 도저히 대화가 되지 않을 정도로 자기 생각만 밀어붙이는 기질이 있다. 선이 길게 패인 고랑처럼 생겼다면 이는 성격이 강하고 매섭고 자신에게도 아주 엄격하다는 것을 나타낸다. 융통성이 부족하고 나이 들수록 고지식해져 주변에 사람이 별로 없다. 이런 사람은 자신이 잘하는 전문적인 분야에서는 매우 열심히 하는 사람이다. 이런 유형의 사람이 사업을 한다고 나서면 망하고 싶어서 안달 난 것이나 다름없다. 재물운이 안 좋으면 밤새 돈 없앨 궁리만 하게 된다. 노래 잘하는 가수가 운이 안 좋다고 식당을 하면 잘될까? 아니다. 운이 안 좋으면 작은 무대에서 노래를 부르며 때를 기다리는 것이 좋다.

법령선이 깊은 사람이 공직 혹은 조직생활을 오래 하다가 프랜차이즈 장사를 하는 경우도 마찬가지다. 사람을 상대하는 일은 융통성과 유연성을 필요로 한다. 자기 생각이 확고한 사람은 다양한 인간상을 만나는 그 자체가 스트레스가 된다. 고객에게 맞춰 주는 성향이 못 되는 것이다. 아무리 장사를 열심히 해도 고객에게 잘 대응하지 못하면 소용없다. 법령선이 깊고 실제로 고집스러운 성향의 사람이 비즈니스를 하려 한다면 다시 생각해 볼 일이다.

그 외로는 법령선의 길이를 이야기해볼 수 있는데 법령선이 길면 정년퇴직해서도 내가 관리할 영역이나 또 다른 직업이 생긴다. 그리고 입꼬리에서 다시 시작하는 선, 제2의 법령선이라는 것이 있는데, 이것은 정년 후의 일자리 유무를 의미한다. 이 선은 정년퇴직하고서도 죽을 때까지 나의 권한이나 영역이 확실한 사람이라는 것을 의미한다. 김영삼 전 대통령, 전국노래자랑의 송해가 여기에 속한다.

입, 턱,
이, 기색

입

입은 귀에서 시작한 모든 물 기운이 모여 들어오는 곳이다. 보다 많은 물이 흘러들어와야 그 사람의 재물이나 복이 많은 것을 의미한다. 입은 늘 물이 모이는 곳이므로 입안에 침이 마르면 에너지가 부족하고 정상이 아닌 상태를 의미한다. 많은 물을 모으고 저장할 수 있으려면 입이 크고 튼튼하고 야무져야 한다. 그릇이 커야 많은 것을 담을 수 있는 기본 바탕이 되는 것처럼 작은 것보다는 큰 것이 좋다.

입은 그 사람의 최종적인 마무리를 보는 곳이다. 얼굴의 물 기운을 마지막으로 저장하는 곳이니 입을 통해 그동안 내가 노력하여 기대할 수 있는 성과들을 제대로 챙기고 지속적으로 유지할 수 있는지를 본다. 인생의 마무리, 일의 마무리, 자기가 한 말을 끝까지 책임지는 것 등이 입의 상태에 달려 있다.

입이 크더라도 입술이 늘 벌어져 있거나 입술이 너무 얇거나 아랫 입술이 뒤집어져 있거나 한다면 내가 그동안 가꾸어 온 것들(재물, 복)을 담더라도 다 새어 나가 버린다. 더구나 양쪽 입꼬리가 아래로 향하고 있다면 뒤집어진 배와 같으니 물이 모두 새어 나가는 형국이 된다. 크고 벌어진 입보다는 조금 작더라도 야무진 입이 더 좋다. 입은 60세 전후의 운기를 나타내며, 입을 볼 때는 입의 크기와 모양, 입술의 두께와 모양, 입꼬리 방향, 입의 돌출 여부 등을 본다.

입이 큰 사람은 야망이 있다

보통 양쪽 눈동자에서 수직으로 선을 그었을 때 입이 그 선을 넘어가면 입이 크다고 말한다. 입이 클수록 음식을 한 번에 많이 받아들일 수 있듯, 입이 크다는 것은 에너지를 취합하는 기능이 발달한 것이다. 입의 모양에 따라서 스케일이 큰지 작은지 알 수 있다. 코가 정신적 지향성을 보여 준다면 입은 그 사람의 행동 방식을 보여 준다. 입이 크면 일 처리 또한 많은 것을 일시에 처리할 수 있는 역량이 있다고 본다.

입이 작으면 그릇이 작으니 크고 많은 것을 감당하기 어려운 사람이다. 식당에 가면 주인이 입이 큰지, 작은지 잘 관찰해 보라. 입이 큰 사람은 반찬도 듬뿍듬뿍 담아 주는 타입이고 입이 작은 사람은 딱 먹을 만큼만 담아 준다. 자신의 기준에서 남에게 베풀게 된다. 그러니 입이 크다는 것은 생각도 그러하고 남에게 베푸는 것도 풍성하다. 비즈니스 파트너를 구한다면 이왕이면 작은 입보다는 큰 입이 더 낫다. 입이 작으면 소심해서 일에 대한 잔걱정이 많아 판단력과 결정력이 부족하고 일의 진행이 더디다. 물론 꼼꼼하고 세심하여 돌다리도 두드리고 가는 것은 신중해서 좋으나 매사 우유부단하게 굴면 함께 일하는 사람은 속이 탄다.

입이 작으면 많은 사람을 거느리는 위치에 올라가기 힘들다. 설령 올라갔다고 해도 오래 유지하지 못하고 서둘러 내려오는 일이 발생한다. 배짱과 포용력이 부족하여 그만한 것을 감당할 역량이 없기 때문이다. 안정적인 분야에서 작은 규모의 사업을 하는 것이 적합하다. 꼼꼼하게 직접 일을 처리하는 전문 분야에서 능력을 크게 발휘할 수도 있다.

입꼬리가 올라가면 긍정적이다

볼의 근육은 우리가 긍정적인 정서를 느낄 때, 즉 웃거나 즐거울 때 쓰는 근육이다. 반대로 부정적인 정서를 표현할 때는 볼 근육을 올리는 것이 아니라 이마 근육과 턱의 근육인 턱끝근, 아랫입술내림근, 입꼬리내림근을 쓰게 되어 이마에 주름이 생기고 입꼬리가 아래로 내려간다. 상대방이 마음에 들지 않거나 매사 부정적인 사람은 이 근육을 많이 쓴다.

한번 처진 입꼬리는 쉽게 올라가지 않는다. 젊을 때부터 긍정적인 마음을 가지고 있어야 덜 처진다. 부정적인 정서는 빨리 전파된다. 내가 모시는 회사 대표의 입꼬리가 처져 있다면 회사의 전체적인 분위기가 밝지 않은 경우가 많고, 그 부정적인 에너지가 오랫동안 쌓이면 회사의 앞날을 장담할 수 없다. 입꼬리가 처진다는 것은 내가 이루어 놓은 것들을 저장하는 입에 있는 기운이 모두 새어 나간다는 것을 의미하기 때문이다. 결국 돈도 사람도 어느 순간 스르르 사라지게 된다.

엎어진 배의 모양, 반듯한 배의 모양을 연상해 보면 이해가 빠를 것이다. 뭔가가 잘 담겨 있는 모양이 되었을 때 하는 일이 수월하게 풀리고 성과 또한 좋다.

입꼬리가 처진 사람은 타인의 긍정적인 정서 상태를 이해하는 공감 능력이 부족함을 의미한다. 나이 들수록 사람들과 정서적으로 감정을 교감하고 소통이 잘 되어야 외롭지 않다. 사회적 지위가 높은 사람 중에 의외로 입꼬리가 처진 사람이 많은데, 이는 지위가 높고 권위가 있을수록 타인과의 정서적 교감이 부족하기 때문이다. 지시하는 것이 습관이 되어 의사소통 능력도 사라진다. 이런 사람이 정년퇴직을 하면 주변에 사람이 없다. 가족들도 기피한다. 늘 부정적인 에너지를 주니 같이 있으면 기운이 다운된다.

입술이 일자형이면 책임감과 의지가 강하다

얼굴 중에서 나의 의지대로 가장 자유롭게 움직일 수 있는 기관이 입이다. 매일 먹고 마시고 말하는 데 사용하는 기관이니 내가 하고자 하는 바를 위해 가장 바쁘게 움직이는 곳이다. 입 모양은 내가 어떤 습관을 가지고 사느냐에 따라 근육의 형태가 만들어진다. 그러므로 나이 들수록 입 모양은 내가 어떻게 살아왔느냐를 가장 잘 알 수 있는 곳이 된다.

입은 그 사람의 의지, 실천력, 포부, 건강 등을 다채롭게 나타낸다. 뭔가 일을 이루기 위해서 입을 다물 때는 입술 안의 근육이 안으로 말려 들어간다. 큰일을 이뤄 낸 사람 중에는 입술이 얇은 사람이 많다. 끊임없이 이를 악물어야 하는 일을 감당하고 그 사업을 성공으로 이끌기 위해서 입에 힘을 주고 있는 것이다. 이런 맥락에서 일자형으로 잘 다물어진 입은 강한 의지를 표명하는 것으로, 책임감이 강해 훗날 사업적으로 성공할 수 있다고 본다.

아이들의 입술은 통통하고 토실토실하고 탐스럽다. 나이 든 사람의 입술이 그러하다면 세상 좋은 게 좋은 거라고 두루뭉술하게 살아온 사람이니 크게 뭔가를 이룬 사람이라 보기 어렵다. 세계적으로 부자이거나 큰 기업의 대표들 얼굴을 살펴보면 이해가 빠를 것이다.

그 외로 더 이야기하자면 입 모양이 방정 方正 하면 믿을 수 있는 사람으로 본다. 입 모양이 약간 네모지고 반듯하게 생기면 말이나 행동이 바르고 점잖으며 매사 일을 처리함에 있어서 질서나 규모가 있는 사람이다. 입이 돌출해 있으면 남보다 말을 먼저 해야 하니 말이 많고 자기주장이 강하다. 입심도 세다. 돌출형 입을 지닌 사람은 외향적이고 활동적이며 매사 적극적이어서 일에 성과가 있다. 말을 많이 하는 강사, 개그맨, 영업을 하는 사람 중에 돌출형 입을 가진 사람을 많이 볼 수 있다.

턱

턱은 60~80세의 운세를 보는 곳이다. 턱은 우리 얼굴에서 가장 아랫부분에 위치하면서 균형을 잡아 주는 역할을 한다. 우리 말년 인생의 균형을 잡아 주고 넘어지지 않도록 중심을 잡아 준다. 턱이 뾰족하면 외부의 압력에 의해서 쉽게 넘어지는 모양새가 되고 턱의 아랫부분이 튼튼하고 묵직하면 어떤 환경에서도 오랫동안 버틸 수 있는 힘이 있는 것이다. 턱은 지구력과 의지력을 의미한다. 그러므로 얼굴의 맨 아래 있는 턱은 손아랫사람을 알 수 있는 곳이 된다. 그동안 내가 일구고 가꿔 온 성과물이다. 턱을 볼 때는 그 모양과 크기를 주로 본다. 구체적인 내용은 12궁의 노복궁을 참고하길 바란다.

이

이는 신체 에너지의 근간이다. 동물의 먹이사슬 구조를 생각해 보라. 이빨과 교합력交合力이 먹이사슬의 서열에 적잖은 영향이 미친다. 수십억, 수백억 하는 경주마를 고를 때도 이빨과 구강 상태를 매우 중요하게 확인한다. 과거에는 일꾼을 뽑을 때 입을 벌려 치아 상태를 보기도 했다.

관상학에서 입을 수성水星이라고 한다. 오행 중 수水는 기운을 안으로 거두어들이는 작용을 한다. 수기水氣가 많이 작용하는 신체기관은 신장, 방광, 자궁, 뼈 등인데, 수 기운이 약해지면 신장, 방광 등의 기능이 약화되는 것뿐 아니라 이와 뼈도 약해진다.

치아를 보면서 우리는 학업운, 재물복, 승진복(말년), 수명, 건강 등을 유지하게 하는 힘을 가늠할 수 있고, 주로 치아의 개수와 크기, 길이, 색, 벌어진 정도, 모양 등을 살핀다. 관상학적으로 좋은 이는 적당하게 크고 틈이 없어야 하며 색깔은 희고 윤기 있는 것이다.

치아가 크고 반듯하면 공부를 잘한다

학업운을 점칠 때는 사학당四學堂이라고 하는 눈(관학당觀學堂), 이마(녹학당祿學堂), 귀 앞 부분의 명문(외학당外學堂) 그리고 이(내학당內學堂)를 본다. 특히 대문니 두 개를 중요하게 보는데, 어릴 때 대문니가 깨지거나 빠지면 공부를 잘했어도 성적이 잘 나오지 않아 원하는 학교에 진학이 어렵다. 김태희처럼 치아가 크고 반듯하며 튼튼해 보이면 인내와 끈기가 있어 공부에 전념하고 우수한 성적을 낸다.

이는 크고 긴 것이 좋다. 이런 이를 가진 사람은 자기가 원하는 것을 이루고자 할 때 끝까지 해내는 저력이 있다. 짧고 작은 이를 가진 사람은 순하고 착하지만 끈기가 부족하다. 공부를 열심히 했는데도 불구하고 학업운이 원만하지 못하거나 중도에 포기하는 경우가 많다.

이의 개수는 28개면 적은 것이고 30개 이상이면 많다고 보는데, 많을수록 노복궁(턱)이 튼실해져 재물운이 좋아지니 이는 많을수록 좋다고 본다.

이의 색은 희고 윤기 있는 것이 가장 좋다. 약간 누런색도 좋은 것으로 보는데 검은색, 회색 등의 색은 건강이 좋지 않음을 나타낸다.

이 사이가 벌어지는 것이 가장 나쁘다. 틈새가 있을수록 재물이 빠져나간다. 중간중간에 이가 빠져 있는 사람이 사업을 한다고 하면 절대 안 된다고 말리거나 비어 있는 곳을 반드시 채운 후에 시작하라고 조언한다. 게다가 이 사이에 틈이 많을수록 자기가 한 말에 책임을 지지 못하는 경향이 있다. 특히 위쪽 대문니가 벌어지면 부부 사이도 그 모양새처럼 벌어진다. 입의 모양은 바깥에서 보는 가정의 모습이요, 입안의 사정은 남이 잘 알 수 없는 가정사를 의미하기 때문이다.

웃을 때 잇몸이 보이는 사람은 자기 속을 다 내보이는 화통하고 솔직한 사람이다. 그러나 사업을 하거나 사회적 지도자가 되고자 한다면 이는 내 패를 다 보여 준다는 이야기가 됨으로 주의할 필요가 있다.

이가 반듯하고 치열이 고르면 신의가 있고 자신의 뜻을 조용히 관철시키는 사람이다. 반면 이가 여기저기 튀어나와 치열이 울퉁불퉁하면 남과 시비를 많거나 신의가 부족한 사람이다.

이의 모양도 어떤 사람은 완만하게 둥글고, 어떤 사람은 뾰족한 사람이 있는데, 이 끝이 뾰족할수록 사나운 기질을 가졌다고 본다. 이가 반듯하지 않고 하나하나 조악한 모양이면 말만 번지르르하고 실천력이 없는 사람이다.

윗니는 가지런한데 아랫니가 들쑥날쑥하면 이를 악물고 산 날이 많았던 사람이다. 대문니가 다른 이에 비해 많이 크면 정직하고 자기주장이 확실하다.

최근 주변을 둘러보면 성인 중에서도 치아 교정을 하는 사람들이 많다. 교정을 할 때는 보통 발치를 많이 하는데, 나는 이 발치에 대해서는 조금 신중하라고 조언하는 편이다. 발치를 하면 교합력과 신체 에너지가 약해지기 때문이다. 말년의 복은 치아 상태에 있다고 해도 과언이 아니다. 발치를 한다는 것은 얼굴을 받쳐 주는 턱을 약하게 만드는 것이다. 나이 들수록 갸름해지기보다는 튼튼한 턱과 볼살이 있어야 재물복이 있으니 주의해야 한다.

기색
....

기氣는 피부 안에 머무르는 것을 말하며, 밖에 표출된 것을 색色이라 한다. 기색의 근본은 혈血인데, 혈이 좋아야 기색이 빛이 난다. 혈은 피부 안쪽에서 밖으로 은은하게 선홍색을 띠면서 퍼져 나와야 좋다.

안면을 관찰할 때는 모양보다는 기색을 우선한다. 이때 평소 그 사람의 피부색을 기준으로 기색을 살핀다. 타고나면서부터 까무잡잡한 사람도 있고 하얀 사람도 있기 때문이다.

기색은 현재 상태와 가까운 미래를 알려 주는 중요한 부분이다. 아무리 관상이 좋아도 기색이 좋지 않으면 좋지 않은 관상으로, 관상이 좋지 않아도 기색이 좋으면 그 사람의 현재 운세가 좋다고 본다. 기색이 좋으면 부위별로 돌아가며 살펴볼 필요가 없다. 모든 기운이 잘 돌아가고 있다는 것이기 때문이다. 그러므로 기색을 통해 운세를 보는 것이 관상법의 핵심이다. 형상을 보고 평생의 운을 본다면 기색으로는 그때그때의 운을 가늠한다.

　선거에서 누가 이기느냐도 기색이 좌우한다. 소송 중이라면 기색이 좋은 사람에게 좋은 결과가 주어진다. 지금 상황이 아무리 안 좋아도 좋아질 운이면 좋은 기색이 나타나고, 아주 좋은 상황이어도 얼굴에 안 좋은 기색이 뜨면 결과는 안 좋게 된다. 장관에 임명이 됐는데 낙마하거나 구설에 휩쓸린 사람의 과거 사진을 비교해 보면 이해가 빠를 것이다. 가까운 미래를 살필 때는 기색을 가장 우선적으로 살핀다.

　얼굴색이 칙칙하면 앞으로 운이 안 좋아질 징조이다. 이때는 아무리 밝게 웃어도 환한 느낌이 나지 않는다. 마음속에 고민이 가득하면 기색이 어둡고 컴컴해진다.

얼굴색으로 오장육부의 건강을 알아본다

　한의학에서 환자를 진단할 때 형체를 먼저 관찰하고 빛깔을 살피는 것을 관형찰색 觀形察色 이라고 한다. 이 망진법 望診法 은 히포크라테스가 얼굴로 몸 안의 장기들의 상태를 파악했다는 것과 일맥상통한다. 관형찰색을 통해 기의 상태와 오장육부의 상황을 알아낼 수 있는 것이다.

　우리가 부모를 닮는 것은 부모의 오장육부 기운을 물려받았기 때문이다. 비위는 토土(누런색), 폐와 대장은 금金(흰색), 신장과 방광은 수水(검은색), 간담은 목木(푸른색), 심장과 소장은 화火(붉은색)의 기운과 상응한다.

　화를 자주 내면 위에서 산이 나와 자극을 하니 그것이 얼굴로 드러나게 된다. 붉으락푸르락 자주 화를 내면 얼굴색이 칙칙해지다 못해 기미처럼 때가 끼게 된다.

기미는 오장육부가 상해 나쁜 기운이 피부 위로 올라온 것이다. 예를 들어, 명예를 의미하는 관골 부위의 기미는 남에게 말 못할 일로 근심 걱정이 쌓이면 생긴다. 그 일이 해결되지 않으면 아무리 피부과 치료를 받아도 깨끗해지지 않는다. 원인이 사라졌을 때 치료를 받으면 서서히 좋아지게 된다.

기색은 몸의 에너지가 밖으로 드러난 것이다. 기가 좋아야 색이 좋아진다. 양쪽 눈썹 사이인 인당에서 기색이 모여 주변으로 퍼져 나간다. 운이 좋아지려면 코끝인 준두부터 밝아진다. 인당이 기색이 모이는 곳이라면 준두는 기색이 피는 곳이다.

기가 안 좋은 사람과 기를 주고받으면 색이 나빠진다. 기운이 좋은 명당에 가서 맑은 기운을 받고 오면 기의 흐름이 좋게 변해 색이 좋아진다. 그래서 기색이 안 좋을 땐 좋은 사람과 좋은 곳에 가서 기운을 받고 오는 것이 현명한 방법이다.

주름,
내 마음의 흔적

사람은 나이가 들면 당연히 주름이 생긴다. 그러나 주름이 생겨도 어떤 주름이 생기느냐가 중요하다. 직선 형태의 주름이 많으면 '살기'로 작용한다. 길고 날카롭고 깊은 주름은 융통성이 부족하고 직선적이며 목적지향적인 사람에게 잘 생긴다. 부드러운 곡선 형태의 주름을 갖고 있는 사람은 성정이 부드럽고 긍정적이다.

얼굴은 성격 및 행동양식이 극명히 드러나는 곳이다. 순간적으로 짓는 얼굴 표정이 쌓여 얼굴 윤곽선이나 얼굴 각 부위에 영구적인 흔적을 남긴다. 습관적으로 세상 모든 것이 못마땅한 듯 항상 얼굴을 찌푸리고 있거나 반대로 언제나 온화하게 미소 짓는 표정들이 내 얼굴을 만든다는 말이다. 오랜 세월 동안 지어 온 표정은 얼굴에 주름이나 윤곽선으로 새겨져 그 사람의 성격적 특징을 드러낸다.

뉴욕 사회학연구학교의 캐럴 맬라테스타Carol Malatesta와 동료들은 노인들(약 70세)을 대상으로 한 가지 실험을 했다. 실제로 평소에 화를 잘 내는 사람은 어떤 표정을 짓든지 주위 사람들의 눈에는 그가 화난 것처럼 보인다는 결과가 나타났다. 슬픔이나 경멸, 죄책감 같은 감정을 습관적으로 드러내는 사람들 또한 같은 결과가 나타났다.

얼굴 주름은 근육의 움직임의 결과로 한 사람의 생각과 의도가 나타나는 곳이다. 나이 마흔 이후에는 얼굴에 책임을 져야 한다는 이유가 여기에 있다. 주름은 많이 사용하여 손상이 되었거나 훼손되면서 생기는 것이다. 모든 일을 자기가 하고 싶은 대로 주동하는 사람을 보고 '천하를 주름잡다'라는 표현을 쓴다. 이는 어떤 기운이 고정되었다는 뜻이다.

젊은 사람의 이마에 있는 주름은 초년에 이루어야 할 학업, 직업 또는 부모복, 윗사람복 등에 영향을 준다. 이마에 주름이 갈 정도로 머리를 썼다는 것은 그만큼 운이 매끄럽지 않았다는 것을 의미한다. 이마 한가운데 주름이 선명하면 자신의 대에 와서 일가를 이룰 수 있는, 즉 부모덕을 입지 않고 자수성가하는 관상이다. 그리고 이마의 주름이 가지런하게 잘 연결되어 있으면 그 사람이 가진 생각의 틀이 잘 정돈되어 있다는 것을 의미한다. 지식이나 행동을 위한 철학 또는 처세관, 인생관, 세계관이 어느 정도 정돈되어 있다는 것이다. 이마의 주름이 끊어지거나 구불구불하면 행동에도 그러한 기질이 나타난다. 노무현 대통령은 이마에 뚜렷한 일자주름을 가지고 있었다. 끊어지지 않고 강하게 있는 한 줄의 주름은 깊은 강에 비유한다. 이는 노무현 대통령이 청와대에 입성하는 데 보탬이 되는 주름이다.

여자의 경우 이마는 남편을 의미한다. 인생에 대한 가치관이 안 맞는 남편과 오래 산 여자의 이마에는 자잘한 주름이 많다. 언뜻 보면 안 보이지만 자세히 보았을 때 주름이 있다면 남들이 봐서는 좋은 남편과 편안하게 사는 것 같지만 실제로는 남들이 모르는 불만이 있다는 것을 의미한다.

눈썹 부분에서 이마를 향해 세로로 주름이 있는 사람도 있다. 이마는 하늘이다. 하늘의 뜻을 세로로 가르고 있는 형국이니 선천적으로 타고난 운을 훼손한다. 여자라면 남편과 불화가 있거나 헤어질 가능성이 높다. 세로 주름은 극심한 스트레스를 겪고 나면 생긴다. 거울을 보며 오만 인상을 다 지어 보라. 세로 주름은 억지로 만들기도 어렵다.

주변에서 가장 흔하게 볼 수 있는 주름이 미간 주름이다. 이 주름은 두 눈썹을 안쪽으로 모으는 추미근의 수축으로 생기는 주름이다. 굵고 진한 주름이 세로로 하나가 있을 경우 성격이 완고하고 강인한 사람이다. 주름이 셋 이상 있을 경우 성격이 복잡하고 사소한 일에도 고민을 많이 하는 사람이다.

성격이 근본적으로 예민하거나 신경 쓸 일이 생기면 미간을 찡그리게 된다. 흘러가는 일이 마음에 들지 않고 원하는 만큼 성과가 나지 않을 때, 상대방을 볼 때마다 짜증이 날 때, 몸이 아플 때 등 우리는 미간을 좁히게 된다. 미간 사이를 다른 말로 '명궁'이라 하는데 명궁은 복이 들어오는 관문과 같다. 이 부분은 도톰하면서 손가락 두 개 정도 들어갈 정도의 너비를 가져야 좋다. 이렇게 중요한 부위가 주름지고 좁아지는 것은 자신의 운을 가로막는 길이다.

눈꼬리 주름이 처지지 않고 올라가 있으면 긍정적인 성향으로 항상 웃으며 살아온 사람이다. 눈꼬리 주름은 성공의 도표로 나이 들수록 길게 상승하고 있다면 매우 좋은 현상이다. 눈 위에 쌍꺼풀이 아닌 가느다란 주름이 있는 사람은 매우 신중한 성향을 지니고 있다. 이런 사람은 투자를 할 때 이 눈주름의 기질이 나타나는데, 치밀한 분석과 조사를 거친 다음 실천에 옮기는 경향이 있다.

눈 주변은 대부분 애정과 가정사와 연관이 있다. 눈가 주름은 눈을 많이 사용하여 만들어진 것이다. 눈꼬리 부분에 부챗살처럼 퍼지는 주름은 많은 이성

을 만난 흔적이다. 이곳이 푹 꺼지거나 주름이 복잡하게 생겨 상태가 좋지 못
하면 배우자와 소통할 수 있는 에너지가 떨어진다. 그리고 눈 밑 애교살이 힘
이 없어 보이거나 주름이 지면 자식을 낳을 수 있는 성적 에너지가 약하는 것
을 의미한다. 이 부위는 자궁, 생식기와 연관이 많은 부위이기 때문이다.

천진난만한 아이들은 주름이 없다. 생각이나 가치관이 정립되지 않은 나이
이기 때문이다. 그러나 어린 시절부터 집안의 가장이 되어 활동했던 아역배우
들은 법령선이 뚜렷하다. '팔자 주름'이라고 불리는 법령선은 나이가 들면서
자신의 삶을 제어할 수 있고, 여러 사람을 이끌어야 하는 위치에 이르면 생긴
다. 어린 나이에 법령선이 선명하다는 것은 집안을 이끄는 역할을 이른 나이
에 감당했다는 것을 의미한다.

운동을 열심히 한 후 몸짱이 되는 원리와 동일하게 표정근도 웨이트 트레
이닝할 수 있다. 근육이 기억하는 것이다. 어떤 기술이라도 무한 반복해서 훈
련을 하면 몸이 기억하는 것과 같다. 비슷한 맥락에서 웃는 표정을 무한 반복
해 단련하면 순간의 감정뿐 아니라 하루의 기분도 바꿀 수 있다. 더불어 긍정
적인 삶의 태도를 가질 수 있다. 아름다운 생각과 감정이 얼굴에 아름다운 흔
적을 남긴다.

제3장

내 사람을 찾는
관상 활용법

관상으로 사람의
무엇을 알 수 있을까

미국 드라마 〈라이 투 미〉Lie To Me에서 주인공 칼 라이트먼 박사는 상대방의 표정이나 반응 등을 보고 상대가 거짓말을 하는지 숨기는 것이 있는지 파악하여 사건을 해결한다. 국적·성별·인종·나이 등 조건이 다른 사람들이라도 분노나 두려움·수치·놀람·경멸 등의 기본적인 감정은 얼굴과 신체 동작을 통해 똑같이 표현된다. 얼굴에 나타나는 미세 표정과 행동은 사건을 해결하는 데 핵심이 된다.

사람의 얼굴에는 43개의 근육이 있고, 이 근육이 만들어 낼 수 있는 표정은 10만 가지가 넘기 때문에 아무리 포커페이스라고 해도 무의식적으로 0.2초 동안은 감정을 숨길 수 없다. 이 짧은 순간의 감정 표현이 거짓말을 밝혀내는 단서가 된다. 얼굴 근육의 대부분은 의식적으로 조절할 수 없다. 그렇기 때문에 의식적으로 그러지 않으려고 애를 써도 자기도 모르는 사이에 자신에 대한 정보를 노출하게 된다.

감정을 알 수 있다

자신보다 남이 더 많이 보는 것이 나의 얼굴이다. 행복한 표정을 지을 때는 아랫눈꺼풀 밑에 주름이 생기고 입꼬리가 올라간다. 우리는 그런 표정을 지닌 사람을 보면 대부분 긍정적인 성격을 가졌고, 인간관계가 좋고, 마음씨가 착하다고 생각한다. 반면 화난 표정의 특징은 눈썹 끝이 위로 올라가고, 미간에 깊은 수직 주름이 자리잡고 있으며, 눈과 눈썹 사이가 좁다. 긴장된 눈꺼풀, 부릅뜬 눈, 힘이 들어간 눈, 노려보는 듯한 눈빛을 가진 사람은 공격적이고, 무슨 일이든 자기 뜻대로 하려는 의지가 강해 보인다.

얼굴이 보내는 신호들을 잘 살펴보면 그 사람의 감정을 알 수 있다. 가장 빠르게 알 수 있는 것은 얼굴 근육의 움직임에 따라 변하는 미세한 얼굴 표정이나 미간의 찡그림 같은 일시적인 주름 등이다. 이것만 보고도 그 사람의 현재 기분 상태나 가까운 시일 내의 감정들을 유추할 수 있다.

윤성택 시인은 자신의 책 《마음을 건네다》에서 "얼굴은 스스로가 담아내야 할 마음의 잔상."이라며 "매일매일 자신의 얼굴에 감정을 기입하다 보면 자주 사용되는 표정으로 접히기 마련이다. 얼굴은 시간이라는 거울을 통해 삶과 마주 보게 된다."라고 표현하였다. 이 구절처럼 순간순간 얼굴에 어떠한 감정을 썼느냐에 따라 다시 우리의 얼굴은 변하게 되고 그것이 그 사람을 읽는 또 하나의 단서가 되어 준다.

살아온 발자취를 알 수 있다

시간의 흐름에 따라 어떤 행동과 습관들이 반복되면 얼굴이 변하게 된다. 깊은 주름, 기미와 같은 피부 착색, 피부결의 상태, 광대에 붙은 살, 얼굴의 근육량, 전체적인 형태 등이 바뀐다. 이런 것들로 우리는 그 사람의 살아온 전반적인 인생의 흐름을 대략 알 수 있다. 예를 들면 육체적인 노동을 하고 있는지, 정신적인 노동을 하고 있는지, 햇볕 아래에서 일을 해왔는지, 사무실에서 근무했는지, 매일 인상을 쓰며 살았는지에 따라 주름과 피부결은 드라마틱한 차이가 난다.

EBS 〈다큐 프라임―원더풀 사이언스〉에서는 햇볕에 의한 노화 현상으로 달라진 쌍둥이 얼굴을 공개했다. 일란성 쌍둥이일지라도 환경에 따라서 노화 진행 속도가 매우 다른 모습을 보여 줬다. 또한 수십 년간 택시 운전을 한 사람은 햇볕에 직접적으로 더 많이 노출된 창가 쪽의 얼굴이 반대쪽 얼굴보다 더 심하게 노화되었다.

사람을 상대하는 일을 하는 사람들은 개인사가 힘들었다 하더라도 광대에 살이 붙어 있는 편이다. 반면 연구원, 전문직같이 주로 혼자서 하는 일을 해온 사람은 얼굴 살이 적은 편이다. 많이 웃을수록 입꼬리 주름이 올라가면서 광대뼈에 근육이 생기기 때문이다. 웃을 일이 적고 세심하고 꼼꼼한 일을 할수록 입술 근육이 안으로 밀려 들어가면서 얇아진다.

매사에 모든 것이 마음에 들지 않고 부정적인 사람은 입꼬리 근육이 아래로 내려가 있다. 상대방의 이야기를 잘 듣고 신중하게 생각한 후 행동으로 옮기는 사람의 눈꼬리는 길거나 아래로 내려가 있다. 이에 반해 참고 기다리고 인내하는 것보다 하고 싶은 대로 하고 사는 사람의 눈꼬리는 위로 올라가 있다. 눈이 짧고 동그란 사람은 그때그때 마음먹은 대로 행동에 옮겨야 직성이 풀리는 성격을 지니고 있다.

이처럼 어느 부분의 얼굴 근육을 많이 사용하면서 살아왔는지 알 수 있는 신호는 상당히 많다. 얼굴에는 한 개인의 삶의 족적이 그대로 드러난다. 물론 긴 시간 동안 거의 변하지 않는 부분도 있다. 타고난 유전적 특징이나 영구적인 흉터, 타고난 피부색, 두개골의 형태, 전체적인 뼈대를 알 수 있는 골격, 이목구비의 모양이나 크기, 위치 등은 잘 변하지 않는 영역이다.

성품을 알 수 있다

하루가 모여 한 달이 되고, 열두 달이 모여 1년이 된다. 이처럼 사람의 얼굴도 그간의 누적된 감정들이 모여 얼굴 근육을 만들고 주름을 형성한다. 사람의 안면근은 감정의 변화에 따라 여러 가지 표정을 만들어 낸다. 그 표정은 얼굴 각 부위의 단순한 변화가 아니고, 표정과 마음 상태가 긴밀하게 연관되어 있음을 알려 준다. 얼굴을 구성하는 여러 부위는 그 사람의 마음 상태, 즉 심성을 반영한다.

가장 대표적인 것으로 눈을 이야기해 볼 수 있다. 얼굴 가운데 눈은 매우 특별한 부분이어서 사람의 마음 상태가 가장 잘 드러난다. 원시 시대에는 동물이나 다른 부족민과 마주쳤을 때 상대방의 눈을 보는 일이 가장 중요했다. 인간이든 동물이든 상대방의 시선을 파악하는 일은 생존과 밀접한 관계가 있었기 때문이다. 포식자나 먹잇감이 자신을 바라보는 것인지 아닌지를 바로 파악해야 도망가거나 공격할 시점을 결정할 수 있다. 같은 무리 안에서는 눈을 마주치기만 해도 상대방과 자신의 사회적 위치를 확인할 수 있다.

눈은 보이는 현상만을 인식하지 않고 그 내면의 것까지 느끼는 기관이다. 사물을 깊이 있게 분별한다 해서 '심안'心眼이라는 표현을 쓴다. 눈을 통해 사람의 됨됨이까지 알아차릴 수 있다. 분노와 증오를 느낄 때는 눈빛과 눈의 모양도 사나워진다. 사랑하는 연인끼리 달콤한 사랑을 속삭일 때는 눈빛이 부드럽고 눈도 웃는 모양이 된다.

《맹자》〈이루〉離婁 상편에 "사람됨을 살피는 데는 눈동자보다 더 좋은 것이 없다. 눈동자는 그 사람의 악을 감추지 못한다. 마음이 바르면 눈동자가 맑고 마음이 바르지 않으면 눈동자가 흐리다."라는 말이 있다.

비단 눈뿐만 아니라 이마, 눈썹, 눈두덩이, 코, 관골, 입, 턱 등 얼굴 각 부위의 형태에 따라 타고난 기본 성격이 있다. 여기에다 살아가면서 그 사람이 어떤 생각을 하고, 어떤 행동을 하느냐에 따라 얼굴 각 부위의 형태가 조금씩 변한다. 결국 얼굴은 그 사람이 살아온 발자취, 생각, 습관, 행동 등이 반영된 그 사람의 그릇을 알 수 있는 가장 직관적인 단서가 되어 준다.

성공하고 싶다면
'사람 보는 눈'을 가져라

'덕 있는 사람을 어떻게 알아볼 것인가?' 하는 사람을 가리는 문제는 단순한 도덕적 관심사가 아니라 현실 정치, 즉 관직 임용과 인사 행정에 있어서 대단히 중요한 문제 중 하나였다. 유교 5대 경전 중 하나인 《서경》에서는 "사람을 잘 아는 자는 밝다. 밝은 자만이 능히 사람을 관직에 안배할 수 있다."고 하여 사람을 파악하는 능력의 중요성을 논하고 있다. 공자도 '지혜'가 무엇인지 물어보는 제자 번지에게 "사람을 아는 것."이라고 대답하였다.

'사람을 알아보는 일'과 '적재적소에 배치하는 일'에 관한 중국 최초의 인물 품평 저술서는 유소의 《인물지》이다. 인물 품평과 성격학의 분야에서 중국 최초로 체계적인 이론을 정립한 유소는 이 책을 통하여 성격 형성의 과정과 성격 분류법 그리고 각 성격의 장점과 단점,

각 성격에 적합한 직책, 성격을 파악하는 방법에 대해 일목요연하게 서술하여 지금도 현대인들에게 회자되고 있다.

관상학은 외형에 나타난 이미지를 통하여 실제적인 인재를 좀 더 구체적으로 식별하고, 각 인재에 나타난 심리적인 장단점을 실생활에 활용할 수 있다.

인재를 경영하는 유용한 도구

현대 경영학의 아버지 피터 드러커는 조직 관리에 대해 이렇게 얘기했다.

> "나의 의사결정으로 누군가에게 일을 맡겼는데 그가 성과를 내지 못했다면 그것은 의사결정을 한 나의 잘못이라고 생각해야 한다. 업무 수행을 잘못한 사람의 잘못도, 사업 환경의 잘못도 아니라 그 사람에게 일을 시킨 자신의 잘못임을 인정해야 한다."

사람을 고용할 때는 그 사람의 장점과 능력을 보고 고른다. 그 사람이 가진 장점과 역량을 찾아 잘 발휘하게 함으로써 사람이 근본적으로 가지는 약점을 최소화하는 것이 조직 관리의 출발점이라 할 수 있다. 신입사원이 어느 부서에서 자신의 역량을 잘 펼칠 수 있는지 일을 시켜 보지 않고서는 잘 알 수가 없다. 이때 관상학을 알아 둔다면 적재적소에 인재를 배치할 수 있으니 훨씬 수월한 조직 관리를 할 수 있다.

사람은 누구나 다양한 성격과 능력을 가지고 있다. 얼굴형이 둥근 사람은 성격이 원만하고 사람 상대하는 일을 어려워하지 않는다. 반면 볼에 살이 없는 사람은 신경이 예민하여 작은 일에도 스트레스를 많이 받을 수 있다. 이처럼 관상학으로 그 사람의 장단점을 파악하여 보다 효율적인 조직 관리를 할 수 있으며, 크고 작은 불협화음도 원만히 해결할 수 있다. 이것이 '관상 경영'이다.

지속적으로 성공하는 기업으로 이끌기 위해서는 높은 성과를 낼 수 있는 조직을 구축하는 것이 우선순위로, 경영에 관상 경영을 접목함으로써 기업의 경쟁력인 조직 관리를 올바르게 할 수 있다.

사람들은 자신의 역량과 딱 맞아떨어지는 일을 할 수 있는 기회가 왔을 때 몰입한다. 경영자가 직원의 역량을 잘 파악하고 그에 맞는 업무를 맡기면 몰입도가 높아 업무의 효율성을 극대화할 수 있다. 가령 전두엽이 자리잡고 있는 이마가 발달한 사람은 기획, 아이디어, 창의력 등 두뇌를 쓰는 분야가 잘 맞다. 이 분야에서 능력을 발휘하는 사람은 이마가 높고 넓어야 하며 꺼지거나 흉터 등이 없어야 한다. 여기에 눈이 맑고 적당히 빛이 나야 한다.

꼼꼼하고 정확하게 일을 하고 마무리도 잘하는지 알기 위해서는 입을 보면 된다. 우리는 생각하거나 집중할 때는 입을 꾹 다물고 있기 때문에 입술이 안으로 말려들어 가서 입이 작아진다. 입이 단정하고 윤곽이 뚜렷하고 작은 사람은 꼼꼼하고 세밀한 일에 어울린다. 이런 사람은 기술직, 회계, 총무부 등에 잘 맞다.

코끝이 둥글고 관골이 좋으면 사람 만나는 것을 좋아한다. 긍정적인 에너지가 많아 잘 웃고 사람들과 트러블 없이 잘 지내는 사람이다. 또한 매사 적극적이고 실천력이 강해서 영업·대인관계 업무에 적합하다.

열심히 맡은 일을 잘한다고 생각했는데 어느 날 그만두겠다는 직원이 있다. 무슨 일이 일어나기 전에는 항상 기미가 보인다. 그 기미를 빨리 알아차리면 그다음에 일어날 일을 가늠할 수 있다. 사람은 말로 굳이 표현하지 않아도 행동이나 얼굴 표정으로 자신의 속마음을 표현한다. 일을 그만둔다고 했을 때 그 사람에게 맡겨진 일이 그의 역량에 맞지 않은 일인지, 그릇에 비해 너무 많은 업무를 맡겨 과부하 상태가 되었는지, 외향적 성향이 강해 활동적이고 외근을 다니는 일이 맞는데 너무 오랫동안 내근만 시키지 않았는지 직원의 인상을 살펴보면 답이 보인다.

부하 직원과 갈등이 생겼을 때도 순간적으로 화가 나겠지만 상대방의 관상에 나타난 성격을 파악하면 역지사지할 수 있다. 코가 높은 사람은 주체성과 자존심이 강하다. 이런 사람이 일을 실수해 지적할 일이 생긴다면 다른 직원이 없는 곳에서 해야 한다. 인중이 짧은 사람은 성격이 급한 사람이다. 이런 직장 상사가 일을 시키면 빨리 처리해 주는 것이 좋다. 입이 크고 두터운 사람은 먹는 것을 좋아한다. 갈등이 생겼을 때 맛있는 음식을 먹으면서 대화로 푸는 것이 도움이 된다.

반면 입술이 얇은 사람은 이성적이므로 상대방이 알아듣게 논리적으로 이야기를 풀어가야 한다. 눈썹이 옅은 사람은 내성적인 사람이다. 겉으로는 활발하고 외향적인 것 같아도 사람을 가려 사귀는 편이다. 눈썹숱이 적당하고 가지런하게 잘생긴 사람은 사교성과 친화성이 좋다. 조직 사이에 갈등이 생겼을 때 이런 사람을 보내면 원만하게 해결하고 온다. 정면에서 양쪽 귀가 보이지 않는 사람은 상사의 말을 아주 잘 듣고 시키는 대로 할 것처럼 굴어도 결국은 자기 고집대로 하는 사람이다. 충고를 절대 받아들이지 않는 사람이다.

성공하는 기업은 조직 관리가 핵심이다. 경영자는 어떤 일을 누구에게 맡기고, 그 일에 적합한 사람이 누구인지, 주어진 일에 대한 의사 결정을 누가 하는 것이 좋을지에 대한 결정을 해야 한다. CEO, 리더, 조직 관리자가 관상학을 알고 있으면 직원의 역량과 강점을 파악하고 업무 관리와 갈등 관리에 쉽게 활용할 수 있다. 지금부터 조직 관리와 운영에 관상학을 활용했던 실제 이야기를 함께 나눠 보자.

동료와의 관계,
자꾸 삐거덕거려요

같은 직장에서 5년째 근무하고 있는 여성 A, B, C는 함께 팀을 이루어 일을 하는 경우가 많다. 그런데 이상하게도 어떨 때는 회사에서 인정해 줄 정도로 좋은 성과를 내는 반면, 어떨 때는 진행이 더뎌지거나 프로젝트를 중단시켜야 할 정도의 갈등이 일어나곤 했다. 그러던 중 프로젝트를 할 때 주로 이끄는 역할을 했던 A가 팀의 수장으로 승진하게 되었는데, 종종 갈등 상황이 있던 것을 알고 있던 그녀는 관상학 수업을 통해 함께 일하는 사람들의 궁합을 가늠해 보고 싶었다.

　B는 이마가 넓고 턱이 네모진 얼굴형(금형)을 가지고 있다. 입술은 얇고 볼살도 없는 편이어서 턱이 더욱 각져 보인다. 이런 사람은 끈기와 인내심이 강하고 끝까지 밀어붙이는 지구력이 강하다. 의지가 강한 만큼 남에게 지기 싫어하고 자기 생각이나 의견을 굽히지 않는다.

남에게 맞추는 성향이 아니므로 상대방이 자신의 생각에 맞춰 주지 않으면 스트레스를 받는다. 거기에다 볼에 살까지 없으면 융통성과 타협성이 부족해 독재적인 성향이 표출된다. 하고자 하는 바는 무슨 일이 있어도 해내고야 마는 사람이지만 사교성이 부족하고 자기중심적이어서 주변에 사람이 별로 없고 맺고 끊는 것이 정확하다.

C는 이마는 넓고 턱이 갸름한 역삼각형(목형)에 가까운 얼굴형을 가졌다. 이마가 발달하면 두뇌가 발달해 있고 이성적인 사람이다. 윗사람과의 사이는 좋으나 자기보다 나이가 어린 사람들을 따뜻하게 이끌어 나가는 포용력은 부족하다. 다른 얼굴형에 비해 감정적이고 예민하며 신경이 날카롭고 깐깐하다. 사람은 누구나 타인을 평가할 때 자신의 잣대로 본다. 자신에게 깐깐한 사람은 상대에게 깐깐한 기준을 적용하므로 사람을 많이 가리는 편이다. 이마가 발달한 사람은 생각이 많은 사람이다. 이런 사람은 속상한 일이 있으면 오래도록 가슴에 담아 두는 편이다.

A는 얼굴이 둥글둥글하고(수형) 광대뼈에 살이 통통하며 피부가 얇은 편이었다. 얼굴이 둥글둥글한 사람은 사교적이고 친화성이 좋으며 마음이 따뜻하다. 또한 노심초사하지 않고 낙천적이며 요령이 좋다. 성격이 모나지 않고 부드럽기 때문에 사람을 상대하거나 서비스 분야에 종사해도 무리가 없다. 광대뼈에 살이 적당하게 붙어 있으면 자주 웃는 긍정적인 사람이며 주변 사람들을 잘 챙기고 배려도 잘한다. 또한 피부가 얇으면 마음이 여리고 소심한 편이라 상대방에게 상처가 되는 말을 하지 못한다.

관계의 역학을 알아보면

인간관계를 한 가지만으로 평가하고 단언할 수는 없지만 얼굴형을 보면 그 사람의 전반적인 성향을 알 수 있다. 심리학자들은 첫인상이 얼굴형과 밀접한 연관이 있으며 인간의 신체적인 특징과 정신적인 부분과의 유사성에 어떤 관계가 있는지 연구해 왔다. 얼굴 형태에 따른 심리적 작용과 이에 따라 이루어지는 행동을 관찰해 그 사람의 성향을 읽어 내는 것이다.

점과 점이 모여 선을 이루고 선에 힘을 가하면 곡선이 된다. 직선은 처음 뚫고 나온 힘이기에 양의 기운이 강해 강직한 성향을 가진다. 곡선은 선에 힘을 가해 변형을 시킨 것이니 음의 기운이며 순하고 부드러운 느낌을 준다. 우리가 만나는 사람들의 얼굴 또한 다양한 선이 만나 만들어졌다. 그 선이 곡선으로 이어져 동그라미가 되기도 하고 세모, 네모 등으로 만들어져 우리에게 친숙한 도형의 이미지로 다가온다. 얼굴형에 담겨진 도형을 찾아 도형 심리와 접목하여 생각해 보면 쉽다.

얼굴이 둥근형인 A는 B와 C에게 모두 맞추어 줄 수 있는 기질을 가지고 있고, 네모형인 B는 자기 고집이 강해 상대방이 자신에게 맞추기를 바라는 사람이며, C 역시 자신의 좋은 머리를 믿고 자신이 옳다는 생각이 지배적이다. 세 사람이 팀을 이루어 일을 할 때는 괜찮지만 B와 C 둘이서 일을 하면 트러블이 많이 생겨 일에 능률이 오르지 않거나 성과가 적다. 그나마 세 사람이 그동안 일을 함께해 올 수 있었던 것은 둥글둥글한 얼굴형을 지닌 A가 원만한 성격으로 중간 역할을 잘한 덕분이다.

그 후 A는 밀어붙이는 힘이 강한 B에게 일정 및 진행 관리를, 날카롭고 깐깐하며 이성적인 C에게는 타당성 관련 조사와 연구를 하도록 업무를 분담했다. 되도록 세 명이 함께 프로젝트에 임하되, 부득이하게 B와 C, 둘만 진행해야 하는 경우에는 중간보고를 자주 받아 갈등 발생을 최대한 줄이도록 조치했다.

얼굴형으로 상생상극 관계를 알 수 있다

얼굴형을 음양오행의 원리에 따라 목형(역삼각형), 화형(삼각형), 토형(마름모형), 금형(네모형), 수형(둥근형)으로 유형화할 수 있다. 한 가지 오행형으로 정의 내리기 어려운 얼굴도 많으므로 여러 오행 중에 가장 눈에 띄는 주된 형을 취해서 보고 두 가지가 섞여 있으면 둘의 성격을 다 가진다고 보면 된다. 그다음 오행의 상생상극에 따라 관계를 논한다.

얼굴형으로 본 상생 관계

목형(역삼각형 얼굴) – 화형(삼각형 얼굴)

화형(삼각형 얼굴) – 토형(마름모형 얼굴)

토형(마름모형 얼굴) – 금형(사각형 얼굴)

금형(사각형 얼굴) - 수형(원형 얼굴)

수형(원형 얼굴) - 목형(역삼각형 얼굴)

얼굴형으로 본 상극 관계

목형(역삼각형 얼굴) - 토형(마름모형 얼굴)

토형(마름모형 얼굴) - 수형(원형 얼굴)

수형(원형 얼굴) - 화형(삼각형 얼굴)

화형(삼각형 얼굴) - 금형(사각형 얼굴)

금형(사각형 얼굴) - 목형(역삼각형 얼굴)

얼굴형으로 본 상생상극의 관계를 이분법적으로 생각해서는 안 된다. 엄마가 자식이 좋다고 무조건 잘해 주는 것이 좋은 것인가? 적당히 잘해 주고 적당히 자극하면서 키워야 좋지 않을까? 따라서 서로 상생인 것이 무조건 좋고, 상극인 것이 무조건 나쁜 것은 아니다. 상극인 관계도 적절한 자극과 긴장을 주어 서로의 발전에 도움이 될 수 있다. 상생의 관계라면 좀 더 많은 시너지 효과를 낼 수 있다.

A와 B, C는 상생의 관계, B와 C는 상극의 관계이다. 세 사람이 상생상극의 관계를 조화롭게 이루어 나가기 때문에 팀으로 일을 하면 성과가 좋다. 상극 관계는 나의 부족한 부분을 찾아낼 수 있는 존재가 되므로 상대방의 조언을 경청하면 도움이 된다. 그러나 상극은 서로 견제하고 자극을 하는 관계이다 보니 개인적인 감정 부분에서는 그리 편한 관계는 아니다.

궁합이 맞는 사람하고만 일할 수 없는 곳이 직장이지만 상대방의 기질과 성향을 파악해서 팀을 이루어 주면 훨씬 결과가 좋다. 나와 성격이 맞는 사람보다는 다른 성격과 취향을 가진 사람을 우선적으로 검토해야 도움이 된다. 성격이 급하면 좀 느긋한 사람이 좋고, 내가 잘 모르는 분야에 해박한 지식을 가진 사람이면 더 좋다. 모든 것이 다 잘 맞는 궁합은 없다. 서로를 존중하며 조화를 이루어 나가려고 할 때 좋은 관계가 만들어지는 것이다.

그 직원은 어느 부서에
배치해야 할까

한 회사의 대표가 사무직에 근무하는 남자 직원 때문에 고민이 많아 나를 찾아온 적이 있었다. 대표는 그 직원이 업무를 처리하는 능력도 부족하고 지시 내린 일을 그때그때 제시간에 처리한 적도 없으며 결재 서류는 항상 늦는다고 했다. 그렇다고 내칠 수도 없는 것이 심성이 좋고 대인관계가 원만해 사무실 분위기를 밝게 만드는 면이 있기 때문에 어떻게 해야 할지 모르겠다는 것이 대표의 고민이었다.

그 남자 직원은 얼굴이 둥글둥글하고 이마는 넓은 편이며 가지런하게 잘 누워 있는 눈썹을 가지고 있었다. 쌍꺼풀이 있는 큰 눈에 눈동자가 튀어나와 있고, 적당한 높이의 코는 코끝이 둥그스름하고 양쪽 관골과 조화가 잘되어 있어 사람이 좋아 보였다. 입은 크고 입술이 두툼하며 입꼬리가 살짝 올라가 있었다.

얼굴을 살펴보니 서류 작업을 꼼꼼하게 해야 하는 사무직에서 왜 능력을 발휘하지 못하고 있는지 이해가 갔다.

사무직에 어울리는 사람이 따로 있다

그 남자 직원은 얼굴형과 이목구비에서 직선보다 곡선이 많이 느껴지는 사람이었다. 그런 사람은 일단 부드러운 성정을 가지고 있다. 동글동글해 귀엽고 부드럽고 생기 넘쳐 보이는 아기들의 얼굴을 떠올리면 이해가 빠를 것이다. 그런 얼굴의 사람은 대개 두루뭉술한 성격을 지닌다. 제시간에 맞추어 서류 제출을 한다든가 오늘까지 해야 할 본인의 일이 있어도 다른 사람이 뭔가 부탁하면 그것을 들어주다가 할 일을 처리 못 하는 일도 생긴다. 한마디로 사람이 좋아 맺고 끊는 것이 분명하지 않다. 인정이 많고 마음이 여려 거절도 잘 못 한다.

그렇다면 사무직에 어울리는 사람의 얼굴은 어떨까? 눈이 가로로 찢어졌거나 입이 한 일一자 모양으로 꽉 다물어져 있고 코가 길게 쪽 뻗어져 있는 등 얼굴에 직선 느낌이 많은 사람은 말 그대로 직선적인 성향을 갖고 있다. 매사 딱딱 떨어지는 성격을 가졌으므로 그런 사람에게 일을 맡기면 처리가 빠르다. 날카롭고 정확한 사람이므로 해야 할 일을 미루거나 미적거리지 않고 세심하게 처리한다. 이성적인 사람이어서 감정에 의해 자기 할 일을 미루지 않는다. 이런 사람에게는 회계, 경리, 총무 등 정확하고 꼼꼼한 업무를 맡기면 좋다.

부서 이동으로 잠재력을 끌어올리다

이후 대표는 남자 직원을 고객을 상담하는 대인업무 부서로 배치시켰다. 남자 직원처럼 눈이 크고 돌출한 사람은 표현력이 좋고 적극적인 성향으로 사람을 상대하는 업무에 매우 유리하다. 연예인들 중 눈이 큰 사람이 많은 것도 감정이 풍부하고 순수한 이미지를 사람들이 좋아하기 때문이다. 큰 눈을 가진 사람은 감성적이어서 사람을 상대하는 일을 할 때 능력을 발휘한다.

눈이 작은 사람이 상담을 하면 고객의 입장에서는 '이 사람 내 말이 무슨 말인지 공감을 하나?', '내가 속는 것은 아닐까?' 하는 의구심을 가질 수도 있다. 작은 눈은 실제로 이성적인 성향이어서 자신의 감정을 잘 숨기며 생각한 후 행동하는 타입이다. 눈이 큰 사람은 눈동자에 이미 감정이 표출되고 있으니 사람들은 그가 하는 말을 있는 그대로 편안하게 받아들인다.

게다가 코끝이 둥글면 심성이 곱고 착한 사람이다. 상대에게 상처를 주거나 남을 이용하려는 기질이 없다. 반면 코끝이 날카롭고 뾰족한 사람은 이기적인 성향을 지녀 상대를 끝까지 물고 늘어져 힘들게 한다.

그 남자 직원처럼 코가 양쪽 관골과 조화를 잘 이루고 있다는 것은 나 혼자만 잘났다고 생각하지 않고 주변 사람과 함께 일을 하고자 하는 사람이다. 주변 사람들을 잘 챙기고 베푸는 성격으로 본인이 손해를 보더라도 다른 사람에게 도움을 주려고 한다.

170

입꼬리가 살짝 올라간 사람은 매사 긍정적이다. 나이가 들면 자연스럽게 근육이 아래로 처지지만 자주 웃고 긍정적인 마인드를 가지고 있으면 입꼬리가 올라간다. 대인업무에는 당연히 입꼬리가 올라간 사람이 적합하다. 상담을 하러 갔는데 입꼬리가 내려간 근엄한 표정의 사람이 앉아 있다고 생각해 보라. 상담하러 왔다가 뭔가 안 좋은 소리라도 들을까 봐 도로 돌아갈지도 모른다.

입이 크고 입술이 두툼하다는 것은 얼굴에서 입이 발달했다는 것이다. 사람은 자신의 얼굴에서 발달한 것을 잘 사용하는 법이다. 입이 발달하면 말하는 것을 즐겨 한다. 말하는 것뿐인가. 먹고 마시는 것, 나아가 사람을 많이 만나 대화하는 것을 좋아한다. 이 역시 대인업무에 적합한 특성이다. 까다롭고 신경질적이고 예민하지 않으니 사람들이 편안해한다.

결과적으로 그 남자 직원을 대인업무 부서로 이동시킨 것은 최적의 배치를 한 것이라 볼 수 있다. 그 또한 지금 하고 있는 일이 너무 재미있고 즐겁다고 한다.

리더와 팀원과의 궁합은

리더는 조직원들이 우러러보는 존재이지만 동시에 외로운 존재이다. 그래서 자신과 닮은 성향, 자신의 의견에 동조하는 사람을 가까이하기 쉽다. 실제로는 리더의 성향과 비슷한 사람보다는 반대의 성향을 가진 사람을 곁에 두는 것이 좋다. 그래야 음양의 조화가 이루어지기 때문이다.

이 회사의 대표는 눈썹 근육이 발달해 성격이 급하고 일을 그때그때 빨리 처리하는 편이다. 대표의 성향과 비슷한 사람이 곁에서 보좌해 주면 좋을 것 같지만, 그러면 회사가 제대로 굴러가지 않는다.

자연의 원리는 음양을 벗어날 수 없다. 해가 있으면 달이 있고, 남자가 있으면 여자가 있다. 물이 있으면 불도 있고, 선이 있으면 악도 있다. 상반된 성향이 서로 균형을 맞추어 가려고 하는 것이 이 세상의 이치이다. 음과 음은 서로 밀치고, 양은 양을 밀친다. 음과 양은 서로 끌어당기는 기운이니 회사를 경영할 때도 나와 비슷한 사람보다는 나와 다른 사람이 도움이 된다. 물론 나와 너무 달라 그 사람을 이해하기는 힘들 수 있다.

직원이 자기 분야에서 성과가 부진하다면 그 사람의 성향을 가만히 생각해 보자. 능력이 없는 것이 아니라 그 자리가 그에게 맞지 않을 수 있다. 입사했을 때는 서류 심사, 면접 심사를 거친 나름대로의 검증된 사람들이 아닌가. 맞지 않은 일을 하는 사람은 표정이 밝지 않다. 보수가 적어도 자기가 하고 싶은 일을 하는 사람의 얼굴은 탄력이 있고 기색이 좋다.

주변을 한번 살펴보자. 얼굴이 어둡고 입꼬리가 처져 있는 사람은 지금 하고 있는 일이 재미없거나 적성에 맞지 않아 이직을 생각하고 있을 수도 있다. 서로 다름을 인정하자. 인간관계에 고민이 많으니 관상에 관심을 가지고 지금 이 책을 읽고 있지 않은가.

직무에 어울리는
관상이 따로 있다

우리 모두 다른 성격과 다른 기질을 지닌 채 태어난다. 개인의 성격이 다 다르기에 재능과 흥미도 다르다. 누군가는 물건을 만들고 고치는 것을 좋아하고, 어떤 사람은 새로운 이론이나 가치에 호기심이 많아 탐구하는 것을 좋아한다. 미국의 심리학자 존 홀랜드John L. Holland는 흥미란 일종의 성격 표현이며, 개인의 직업 흥미란 경험과 성격으로부터 나오므로, 직업의 선택은 곧 성격의 표현이라고 주장하였다.

요즘 사람들은 자신의 적성이나 성격보다는 인기가 많고 남들이 많이 도전하는 직업을 선택하는 경향이 있다 보니 이직률이 높다. 직무에 대한 만족도를 결정하는 요인은 직업 자체보다는 개인의 성격과 직업이 얼마나 잘 부합하느냐에 있다. 여기서는 관상을 통해 사람의 성격, 나아가 직무에 필요한 어떤 기본 자질을 가졌는지 가늠하는 방법에 대해 이야기해 보겠다.

직무의 기본 자질은 크게 성실성, 책임감, 적극성, 지구력, 네 가지로 살펴볼 수 있다. 성실성은 얼굴형과 입술로 짐작해 볼 수 있다. 사각형 얼굴형은 이마, 관골, 턱이 발달하였고 끈기, 인내, 지구력이 강해 자신이 마음먹은 바는 끝까지 해내는 사람이다. 정계, 재계 등 사회적으로 성공한 사람이 가장 많은 형이다. 역삼각형 얼굴형은 이마가 발달한 두뇌형으로 연구원, 교수 등 육체노동보다 정신적 노동에 잘 맞고 인내력이 대단한 타입이다. 또 도톰하고 귀여운 입술보다는 얇은 입술을 가진 사람이 더 성실성이 높다. 도톰한 입술은 감성적이고, 얇은 입술이 이성적이다. 이건희, 빌 게이츠, 워런 버핏 등 신중한 결정을 많이 내리고 감정을 숨겨야 하는 CEO들은 대부분 입술이 얇다.

책임감이 강한 타입은 사각형과 역삼각형 얼굴 그리고 높은 코, 긴코, 일자로 꽉 다문 입을 가진 사람이다. 사각형 얼굴형은 생긴 모양답게 각이 져 있으므로 한 가지 목표를 정하면 끝까지 간다. 의리가 있고 변덕을 부리지 않는 장점이 있다. 역삼각형 얼굴형은 두뇌형이라 분석적·이성적·논리적 사고체계를 가졌으므로 책임감 있게 일을 수행한다. 사각형 얼굴형을 가진 대표 인물로는 현대 정몽구 회장, 전 헌법재판관 이정미가 있으며, 역삼각형 얼굴형의 대표 인물로는 고 마광수 교수, 유시민 등을 들 수 있다.

코는 자아, 자존심, 주체성을 나타낸다. 코가 크다는 것은 자존심이 강하다는 것으로 코가 큰 사람은 일을 맡기면 책임감 있게 해내는 사람이다. 코가 짧으면 순발력이 좋아 새로운 것을 받아들여 사고의 전환이 유연하다. 반면 긴 코는 내 생각을 길게 가지고 가는 성향이라 무슨 일이든 중도에 포기하지 않고 열심히 해낸다.

입을 보면 그 사람의 일에 대한 마무리를 알 수 있다. 입이 평소 약간 벌어져 있거나 치아 배열이 어지러워 잘 다물어지지 않는 사람은 매사 마무리가 약한 사람이다. 야구선수가 공을 던질 때의 입을 상상해 보라. 무언가 단단히 마음을 먹고 집중할 때면 누구나 입이 꽉 다물어진다. 입을 벌리고 있다는 것은 정신줄이 느슨하여 일을 하는 과정이 어렵거나 복잡하면 중도에 포기할 가능성이 높다. 우리는 놀랐을 때 입을 벌린다. 정신줄을 놓으면 침이 흐른다. 사람이 죽을 때도 입이 벌어진다. 이것만 보아도 야무지게 다물어진 입이 일을 성실하고 책임감 있게 하는 사람임을 보여 준다고 볼 수 있다.

적극성은 짙은 눈썹, 눈꼬리가 올라간 눈, 큰 입에서 알 수 있다. 짙은 눈썹은 테스토스테론이 발달하였다는 것으로 적극적이고 활동적인 성향으로 밀어붙이는 에너지가 강한 성격임을 짐작할 수 있다. 박지성, 류현진처럼 눈꼬리가 올라가면 순발력 있고 적극적인 성격이다. 입이 작으면 소극적이고 소심하여 꼼꼼한 일이 잘 맞고, 이영자나 김혜자처럼 입이 크면 적극적이고 포용력이 좋아 일을 겁내지 않고 시원시원하게 처리하는 타입이다.

지구력은 사각형 얼굴, 눈꼬리가 내려간 눈에서 짐작할 수 있다. 사각형 얼굴형은 성실성, 책임감, 지구력에서 단연 돋보이는 얼굴형으로 이러한 성격이 사회적 성취에 많은 영향을 끼친다는 것을 알 수 있다. 눈꼬리가 올라가면 적극성을 보여 주고, 눈꼬리가 내려가면 참고 인내하는 지구력이 강한 것을 보여 준다. 박원순, 유승민, 이재명과 같은 눈을 가진 사람들은 바로바로 감정을 드러내지 않고 이성적인 사고를 많이 하는 사람들이다. 나이가 들면 자연스레 처지게 되지만 전원주와 같이 연세가 있어도 적극적이고 긍정적인 사람은 눈꼬리가 올라가 있다.

참고로 정계·재계·학계뿐만 아니라 스포츠 등 다양한 분야에서 성공한 사람들을 보면 얼굴 면적이 비교적 넓다. 그릇이 커야 담기는 것도 많은 법, 얼굴 면적은 많은 것들 받아들이는 바탕적 에너지가 있음을 알 수 있다.

예술적인 직업에 종사하는 사람은 개방적이고 자유분방하며 감수성이 풍부하고 충동적인 성격이 많다. 사무직에 어울리는 사람은 완고하고 원칙적이며 보수적이고 성실한 성격이다. 입술이 도톰하면 감수성이 풍부한 분야, 입술이 얇으면 이성적인 분야가 어울린다.

믿을만한 사람을
알아보는 법

서울에서 강연을 마치고 역으로 가는 택시 안에서 60대 초반의 기사님과 이야기를 나누게 되었다. 그날따라 차가 많이 막히는 바람에 역으로 가는 길이 꽤 오래 걸렸다. 기사님이 서울에는 무슨 일로 왔는지, 무슨 강의를 하는지 등을 물어보기에 대답을 해주었고, 그러다 보니 이런저런 이야기를 나누었다. 평소에 택시를 타면 말을 별로 하지 않는 편인데 그 기사님의 목소리가 너무 좋아 말을 트게 되었다. 기사님의 목소리는 굵고 맑으며 소리 울림이 상당히 좋았다.

한때는 잘나갔던 기업의 대표였다는 그는 어쩌다 보니 15년 동안 같이 일했던 아랫사람에게 배신을 당해 회사를 빼앗겼고 지금은 이렇게 택시기사를 하는 신세가 되었다고 했다. 현재 소송 중에 있는데 왜 자기에게 그런 일이 일어났는지, 앞으로 소송에서 이길 수 있을지 고민이라고 말이다. 처음에는 사연을 듣기만 하고 별 대답을 하지 않았지만 목소리와 성상聲相에서 좋은 인품이 느껴졌는데 그와 같은 일을 당했다는 게 의아해서 나도 모르게 그의 얼굴을 슬쩍 살펴보았다.

운이 약하다면 대처법을 강구한다

막상 얼굴을 보니 그가 직원이 1,000명이 넘는 기업체를 운영했으며 한때 잘나갔다는 말이 절로 믿어졌다. 초년운과 중년운을 알 수 있는 상정과 중정을 보니 역시 그 부위가 상당히 훌륭했기 때문이다. 상정에 해당하는 이마는 넓고 평평하여 꺼진 곳이 없고, 중정에 해당하는 코와 관골이 조화를 잘 이루고 있었다. 쌍꺼풀 없는 눈매는 각진 곳이 없이 부드럽고 눈빛도 편안하게 안정되어 있었다.

그러나 안타깝게도 그는 상정과 중정은 좋지만 하정인 턱이 빈약하였다. 턱이 짧고 시골腮骨(옆 턱, 아감뼈)이 거의 보이지 않았다. 시골은 아래턱 부분에 불거져 있는 뼈를 말한다. 이런 얼굴은 초년과 중년에는 좋지만 그 영화를 말년까지 유지하지 못한다고 해석한다. 자신의 관상이 그렇다는 것을 알면 일찌감치 후계자를 정해 놓고 자신은 다른 자리로 물러나는 것이 좋다. 그렇지 않으면 그 자리를 지키지 못하고 하극상을 당하기 쉽다. 많은 사람을 거느릴 만한 역량이 부족한 턱을 가졌기 때문이다.

초년과 중년을 고속도로로만 달려온 사람이 갑자기 내리막길로 가게 되면 심한 충격을 받는다. 초년이 안 좋았던 사람은 어려움을 겪어봤기 때문에 어렵게 이룬 중년의 성공을 말년까지 지키고자 하는 의지와 정신력이 강하다. 늘 고속도로로만 다닌 사람은 비포장도로를 다닌 적이 없어 힘든 일이 닥쳤을 때 극복하는 힘이 약하다. 고속도로에는 중간중간 휴게소도 있고 안내 표지판도 큼지막하게 있으니 언제나 도움을 받을 수 있다. 평생 잘나가는 인생은 없다.

초년이 좋은 사람은 학업운이나 직업운이 좋은 편이므로 수월하게 청년기를 보낸다. 거기에 중년운까지 좋으면 중년까지 살기가 수월한 편이다. 초년이 힘들었던 사람은 많은 고난 속에 자신의 내면을 뒤돌아보고 나름대로 삶의 지혜를 일찍 터득하는 경우가 많다. 중년에 운이 틔어 말년까지 유지하는 경우, 힘들었던 때를 생각하며 아랫사람에게도 베풀고 어려움이 닥치면 현명하게 대처한다.

말년의 복은 내가 만들어 온 것이다. 사람마다 세세한 사정은 다르지만 큰 그림은 똑같다. 하극상이 일어나는 이유는 아랫사람이 보기에 자신이 모시는 윗사람이 리더로서 부적격하다고 생각하기 때문이다. 타고나기를 운이 약하게 타고났다면 그것을 억지로 바꾸어 고치려고 하지 말고 순리에 따르되 자신 앞에 닥친 어려움을 무리 없이 해결해 나가는 방법을 강구해야 한다.

이 세상에는 내 마음대로 되는 것이 하나도 없다. 봄이 오고 여름이 오면 두꺼운 옷을 벗어야 한다. 겨울옷을 그대로 입은 채 더위를 극복하려는 사람만큼 어리석은 사람은 없다. 자전거를 타고 가다가 커브 길이 나타나면 내 몸을 살짝 눕히고 자전거를 낮추어 돌아야 한다. 계속 몸을 꼿꼿하게 세우고 직진으로 간다면 쓰러질 것이 분명하다. 운도 마찬가지이다. 내리막길이 오면 넘어지기 전에 브레이크를 잡고 자세를 바꾸어야 한다. 내가 많은 부하 직원을 거느리기 부족한 상인지 아닌지를 일찌감치 파악해야 한다. 그러기 위해서는 잘나갈 때 다른 사람의 조언을 듣거나 자아성찰을 통해 내공을 길러야 한다.

조력자를 알아보는 법

1인자의 상에 따라 그에 어울리는 2인자의 상도 달라야 한다. 1인자의 상황에 따라 2인자가 힘을 실어 줄 수 있는 사람인지 파악해야 한다. 2인자는 자신의 의견을 적극적으로 제시하기보다는 조용히 보필하는 스타일이 오래간다. 1인자보다 더 잘나거나 언행이 너무 세련되어도 곤란하다. 1인자와 보조를 맞출 수 있는 상이 좋다.

2인자의 역량이 부족해 불만인 1인자라면 발상의 전환도 필요하다. 2인자가 너무 능력이 뛰어나면 1인자의 자리를 노리거나 그동안 배운 노하우를 가지고 독립을 할 것이다. 당신 같으면 1인자보다 능력이 있는데 계속 2인자로 머무르겠는가?

그러면 자신에게 도움이 되는 사람이 어떤 사람인지 알고자 할 때 무엇을 참고하면 좋을까?

첫째, 이것저것 따지기 어려우면 그 모든 것을 알 수 있는 목소리를 살펴보라. 목소리가 좋고 분명한 사람은 성정이 안정되고 믿을 수 있다.

둘째, 눈빛을 보라. 눈의 상이 좋지 않은 사람은 인정이 박하고 정신이 안정되지 않은 사람이다. 눈빛은 정신의 에너지이고, 목소리는 육체의 에너지이다.

셋째, 이마가 잘생기면 윗사람을 잘 모시고 윗사람과의 관계가 좋다.

넷째, 코와 산근을 본다. 코는 자아, 주체성을 의미하니 콧대가 낮으면 자기 자신을 잘 낮추고 자신의 생각을 먼저 주장하기보다는 상대방을 배려하는 성향을 지닌 사람이다. 다른 사람의 지시를 받아 일하는 데 큰 스트레스를 받지 않는다. 관골이 낮고 콧대만 높은 사람은 주체성이 강해서 자기가 생각한 대로 하고 싶어 하며, 남에게 쉽게 고개를 숙이지 않는다. 만약 콧대가 높은데 고분고분하다면 분명 다른 목적이 있기 때문이다.

다섯째, 턱을 살펴본다. 이마는 넓고 턱이 약간 좁은 형태의 역삼각형 모양이면 2인자나 참모로 적합하다. 턱이 U자로 길고 두텁고 넓은 형태를 지녔으면 아랫사람을 많이 거느릴 사람으로, 아랫사람을 잘 챙기는 스타일이다. 만약 앞에서 말한 택시기사의 경우처럼 1인자의 턱은 약하고 2인자의 턱이 너무 좋으면 서로 보완이 되어 좋긴 하지만 2인자에게 너무 힘을 실어 주면 하극상이 일어날 수도 있으니 주의해야 한다.

그렇다면 이번에는 조력자로서는 부적절한 관상에 대해 알아보자.

아무리 봐도 배신의 상이라

모 회사에 직원 교육을 갔을 때의 일이다. 작고 마른 체형의 남자 직원의 눈빛이 심상치 않았다. 사람의 눈빛은 그 사람의 정신 상태, 의지력, 건강 상태, 선악의 정도를 나타낸다. 눈빛이 좋은 사람은 결단력과 의지력이 좋고 공부도 잘하고 매사 일 처리가 분명하다.

비즈니스 관계로 다양한 사람을 만나다 보면 언변이 뛰어나고 사회 경험도 많으며 흠잡을 데 없이 매너도 좋은 사람인데 눈빛이 좋지 않아 굳이 가까이 하고 싶지 않은 사람이 있다. 표리부동_{表裏不同}한 사람이라 어딘지 마음에 걸리는 사람 말이다. 직원 교육장에서 본 그 직원 역시 내게 그런 느낌을 주었다. 교육하는 내내 그 직원은 나와 눈을 잘 마주치지 않았다. 왜 그랬을까? 그의 관상을 읽어 보자.

첫째, 그는 170센티미터 정도의 작은 키에 마른 체형이었다. 이런 체상은 육체적으로 힘든 일은 지속적으로 하지 못한다. 일의 시작은 급하고 속도감 있게 추진하나 막상 힘든 일이 닥치면 도중에 포기를 잘하는 타입이다. 타고난 바탕 에너지가 약해 마음이 앞서가는 만큼 체력이 따라 주지 않는다. 또한 어깨가 넓지 않고 여위면 큰일을 하기는 어렵다. '어깨를 겨누다'라는 표현이나 주먹질을 잘하는 사람을 '어깨'라고 부르는 것을 떠올려 보라. 그만큼 사회적으로 굵직한 일을 해내는 사람들은 어깨가 넓으므로 타고난 기량이 세다고 볼 수 있다.

그는 당시 서른 살쯤 되었고, 20대 중반에 자영업을 시작했다가 실패하고 그 뒤로 업종을 서너 번 바꾸었다고 했다. 물론 그 결과가 시원찮은 것은 말할 나위도 없다. 키가 작아도 골격이 단단하고 근육이 튼튼하면 바탕 에너지가 강해 야무지게 무언가를 해내는 사람이다. 체형이 약한 그는 자영업에 타고난 재능이 없어 보였다.

둘째, 그의 얼굴형은 역삼각형에 속했다. 이마가 발달하고 턱이 상대적으로 약한 얼굴형을 지닌 사람은 머리를 쓰는 참모나 기획, 마케팅, 영업에 잘 어울린다. 사무 처리가 빠르고 뛰어나므로 사업보다는 직장생활이 더 안정적이다. 머리는 좋은데 턱이 받쳐 주지 않으니 많은 부하 직원을 거느리는 분야는 적합하지 않다. 그런데 이마가 매끄럽지 않고 울퉁불퉁했다. 이마는 15~30세 사이를 보는 곳으로, 부모복·학업운·직업운·승진운 등을 나타낸다. 이곳에 흠집이 있거나 울퉁불퉁하면 초년에 학업운이나 직장운이 원만하지 못하여 부침이 많다.

셋째, 그의 눈썹은 눈보다 길지 않고 끝이 흩어져 있었다. 눈썹 근육이 발달된 사람은 성격이 급하고 고집이 세다. 눈썹은 대인관계를 보는 곳이다. 눈썹이 눈보다 길고 가지런하면 대인관계 및 사교성이 좋아 인기가 많다. 그러나 눈썹이 가지런하지 않고 끝이 흩어져 있는 사람이 일을 하면 시작은 좋으나 끝이 늘 미흡하다. 인간관계 또한 그렇다. 잘 지내다가 어느 정도 시간이 흐르면 관계가 틀어진다. 특히 이런 눈썹을 가진 사람이 사업을 하면 돈을 잠깐 벌었다 하더라도 끝까지 그 돈을 지키지 못한다.

넷째, 가장 중요한 부분으로 그의 눈은 삼백안이었다. 삼백안은 눈동자의 위나 아래 중 한 곳에 흰자위가 드러나는 것을 말한다. 좌우 흰자위와 합치면 세 곳에서 흰자위가 보이니 삼백안이라고 한다. 삼백안을 지닌 사람은 독하면서 간교한 경우가 많다. 비밀스럽고 음흉하며 모사에 뛰어나고 아랫사람을 억누르는 스타일이다. 독선적이며 거만하고 승부사 기질이 강하다.

진나라 때 죽림칠현의 한 사람이었던 완적은 세속의 예의범절을 우습게 보는 뜻 높은 선비였다. 어느 날 완적은 친한 벗인 혜강을 찾아갔는데, 그는 없고 그의 형인 혜희가 완적을 맞았다. 평소 완적은 혜희의 사람됨을 싫어하였으므로 그를 '백안시'白眼視 하고 그냥 돌아왔다. 나중에 혜강이 그를 찾아가자 완적은 친구를 다시 반갑게 맞았다. 여기서 백안시라는 말이 나왔다. 백안시는 '백안白眼으로 본다'視는 말이다. 백안은 글자 그대로 흰 눈이다. 눈동자 없이 흰자위로만 째려보는 것을 말한다. 그래서 백안시는 남을 무시하거나 업신여기는 태도를 가리키는 말이 되었다. 남을 백안시하는 것은 남에게 모욕을 주는 거만한 태도이다. 덕으로 포용해서 감싸 안는 것만 못하다. 또 백안시 당한 사람은 상대방에게 원한을 품고, 해코지할 기회만 엿보게 될 터이니 한때 기분이야 통쾌하겠지만 치러야 할 대가가 크다.

다섯째, 그는 턱이 뾰족하고 좁은 데 비해 입은 큰 편이었다. 이목구비는 서로 조화를 이루는 것이 제일 중요하다. 그릇이 작으면 담기는 것도 약간 작아야 어울린다. 입은 그 사람의 포부를 나타낸다. 그의 턱과 입을 보면 포부와 야망은 크지만 받쳐 주는 사람이 없다. 턱이 후덕하고 넓어야 따르는 사람이 많아 자신의 야망을 이룰 수 있기 때문이다.

이 다섯 가지만 살펴보더라도 그 직원은 매사 시작은 좋으나 끝이 좋지 않음을 짐작할 수 있었다. 자영업을 하든 조직에 들어와서 일을 하든 처음에는 열정적으로 일을 하다가도 힘들면 끝까지 버티지 못하고 다른 일로 돌아설 확률이 높았다. 더구나 삼백안의 눈을 가진 사람은 자기에게 이익이 되는 일이라면 양심에 어긋나는 비도덕적인 일도 서슴지 않는다. 사람을 믿고 일을 맡기는 것은 좋으나 이런 상을 가진 경우에는 사업상의 기밀이나 중요 직책을 맡기는 것은 고려해 볼 필요가 있다. 영원한 내 사람은 없지만 적어도 뒤통수 맞을 일은 없어야 하지 않겠는가.

비즈니스 파트너를
결정할 때는

나는 좋은 사람을 소개해 달라는 부탁을 자주 받는다. 참으로 곤란한 부탁이 아닐 수 없다. 좋은 사람이란 자신의 기준으로 판단하는 것이다. 나의 가치관으로 본 좋은 사람과 상대가 말하는 좋은 사람은 다를 수도 있다. 막상 좋은 사람을 소개해 주어도 본인과 수준이 맞지 않으면 좋은 사람이라고 생각하지 않는다. 진짜 좋은 사람이지만 나와 수준이 맞지 않으면 상대방은 나를 좋게 생각하지 않는다. 상대적 가치관이 다르기 때문이다.

비즈니스를 같이할 상대를 선택하기 전에 자기 자신을 먼저 생각해야 한다. 나한테 부족한 부분을 채워 줄 수 있는지, 서로 부딪히는 성향은 아닌지 살펴야 한다. 무엇보다 중요한 것은 내가 인덕이 있는 사람인가이다. 나의 성격이 다른 사람과 함께 일하기에 적합한 성격인지, 실컷 베풀지만 정작 돌아오는 것은 없는지 알아야 한다. 대개 인덕이 없는 사람은 동업해서 망하면 남 탓을 한다. 인덕이 있는 사람은 좋은 동업자를 쉽게 만나고, 인덕이 없는 사람은 좋은 사람을 만나기가 어렵다.

초년의 인덕은 이마에 있고, 중년의 인덕은 관골에 있으며, 말년의 인덕은 턱에 있다. 이마는 선천적으로 타고난 윗사람복이다. 그래서 윗사람과의 관계가 원만하며 사회생활을 하면서 알게 모르게 도움을 많이 받는다. 초년의 인덕이 타고나는 거라면 중년을 보는 관골은 내가 어떻게 살아왔느냐가 더 중점이 된다. 코와 관골의 조화가 좋은 사람은 더불어 사는 삶을 추구한다. 적극적인 성향으로 주변 사람들과 어울리기를 좋아하고 잘 베푸는 성격이다. 이런 성격은 동업하다가 문제가 발생해도 파트너와 무난하게 해결을 해 나가는 편이다. 말년의 인덕은 턱에 있다. 턱이 좋은 사람은 지구력과 실천력이 좋으며 의리도 있다. 더구나 아랫사람을 잘 챙기고 아량이 있는 사람이다.

이번에는 비즈니스 파트너를 정할 때 어떤 부위를 중점적으로 봐야 하는지 살펴보자.

첫째 눈썹이다. 눈썹이 좋으면 인기가 많고 대인관계가 원만하다. 눈썹털이 부드럽고, 숱은 약간 많은 편이며, 윤기가 나야 한다. 눈썹은 눈보다 길고 수려하면 좋다. 눈썹이 좋은 사람은 안 좋은 일도 잘되게 풀어 나가는 능력이 있으며, 상대방에 대한 불만이 있어도 잘 참아 내며, 한 번 맺은 인연은 오래 유지한다. 희미하거나 끝이 흩어진 눈썹은 사업에 성과를 이루었다 하더라도 오래 유지하지 못하고 모두 흩어진다. 인간관계도 매끄럽지 못하다.

둘째, 코를 살펴보라. 특히 코끝 준두와 좌우 콧방울을 잘 봐야 한다. 이곳이 좋은 사람은 본인이 가진 재물복이 있어 굳이 동업을 하지 않아도 된다. 눈썹이 좋고 코가 좋은 사람은 현재에 만족할 사람이 아니기 때문에 더 많은 재물을 벌려고 한다. 그래서 동업을 하면 성공할 가능성이 높다. 단, 코가 관골보다 높거나 코끝이 빈약하다면 기본적으로 사업가 상이 아니다.

셋째, 귀를 보아야 한다. 정면에서 보았을 때 귀가 반쯤 보여야 한다. 남의 말을 수용할 줄 아는 사람이기 때문이다. 귀가 크고 두텁고 좋아도 정면에서 볼 때 귀가 보이지 않는 사람은 고집과 아집이 강하다. 다른 부위로 인해 언뜻 보면 개방적인 것 같지만 남 말을 절대 안 듣는 타입이다. 마이웨이 상이므로 동업과는 거리가 멀다.

넷째, 새로운 가게를 창업할 때 파트너를 구한다면 짧은 눈을 가진 사람을 선택하는 것이 좋다. 긴 눈은 에너지가 길기 때문에 오래 생각하는 사람이다. 눈이 짧으면 판단력이 빠르고 포기도 빠르며 순발력이 좋다. 단기 목표 지향적인 사람이므로 빠른 시일 내로 수익을 낼 만한 사람이다. 반면 오래 일하는 직원을 채용할 때는 긴 눈을 가진 사람이 좋다. 짧은 눈은 단기 목표가 달성되면 또 새로운 것에 관심이 돌린다. 오래 지속하는 힘은 약한 편이다. 눈이 툭 불거져 나온 사람은 적극적이고 급한 성격이다. 하고 싶은 일은 밀어붙여서라도 하는 사람이므로 운이 좋을 때는 강한 추진력으로, 운이 나쁠 때는 조급하고 경솔한 면으로 비춰질 수 있으므로 주의해야 한다.

내가 채용한 아르바이트생은
손님을 부르는 관상일까

레스토랑을 경영하는 K는 몇 달 만에 자주 그만두는 아르바이트생들 때문에 고민이 많았다. 일을 배울 만하면 그만두니 사람 쓰는 것만큼 어려운 게 없다고 하소연했다. 특히 그는 손님에게 싹싹하고 일 잘하는 아르바이트생을 뽑으려면 가장 먼저 무엇을 봐야 하는지 궁금해했다.

나는 아르바이트생을 채용하기 전에 본인이 부하 직원을 잘 다룰 상인지 아는 것이 우선이라고 조언했다. 모든 것은 나에게서 시작된다. 내가 남을 부릴 만한 사람이 되는지 알아야 한다. 아르바이트생 얼굴이 아무리 손님을 부르는 관상이어도 사장이 아랫사람을 핍박(?)하면 오래 견디지 못한다.

사람을 잘 부리는 사람은 턱이 좋다. 턱이 두툼하고 넓으며 길고 후덕하면 리더십이 좋아 부하덕이 있다. 어떤 아르바이트생이 와도 잘 다독거려 일하게 만드는 스타일이다. 회식도 자주 시켜 주고 잘 베푸는 타입이니 아르바이트생도 마음 편하게 일한다. 이런 에너지가 손님을 부른다. 이런 사장 밑에서 일하면 어떤 아르바이트생이라도 친절하고 싹싹해지니 좋아하지 않을 손님이 없다.

만약 턱이 짧거나 빈약하면 얼마 안 가 사업을 접게 될 것이다. 그들은 하나같이 이렇게 말한다.

"사람 쓰는 게 너무 힘들어 못 해 먹겠어요."

"직원이 너무 애를 먹여요."

아르바이트생 입장에서는 사장이 늘 신경이 예민하고 일일이 잔소리를 하며 사람을 편안하게 해주지 않으니 불편해서 그 가게에 오래 있기 싫어진다. 아르바이트생이 아무리 잘해도 사장의 양에 차지 않아 직접 사장이 나서서 챙기기도 한다. 그런 사장과 일하는 아르바이트생은 당연히 손님에게 인상 쓰고 불친절하다.

자신을 조금만 알면 사람을 상대하기가 편하다. 남을 탓하기 전에 자신에 대해 먼저 생각해 보자. 사장으로서의 역량이 부족하면 일찌감치 사업을 접어야 손해가 적다. 부하 직원을 거느릴 상이 못 되면 되도록 직원을 두지 않는 업종을 선택하는 것이 속 편하다. 이런 사람이 아르바이트생을 고용하면 스트레스는 스트레스대로 받고 손님은 손님대로 쫓아 버리니 말이다.

그다음은 아르바이트생의 콧대를 살펴본다. 콧대가 낮으면 어진 성격에 희생정신이 강하다. 콧대가 높으면 자존심이 강해서 남에게 쉽게 자신을 낮추지 않는다. 콧대가 조금 낮아야 서비스업에 잘 맞다. 나를 낮추고 손님을 접대해야 하니 상대방을 배려하고 희생정신이 있는 낮은 코를 가진 사람이 적합하다. 여기에 좌우 관골에 살이 잘 붙어 있으면 일을 열심히 한다. 가만히 있지 않고 적극적으로 손님에게 다가가 서비스하니 이만한 아르바이트생이 없다. 여기에 턱까지 좋다면 그 사람은 언젠가 다른 사람을 부리는 위치에서 일할 가능성이 높다.

관골에 살이 부족하고 콧대가 높은 아르바이트생은 여건이 된다면 기피하는 것이 좋다. 그런 얼굴을 가진 아르바이트생은 손님이 오라 가라 여러 번 부르면 화가 나기 시작한다. '내가 종이야? 아, 정말 스트레스 쌓여'라고 생각할 것이다. 그러니 코가 높으면 서비스업에는 어울리지 않는다. 서비스업은 적어도 궂은일도 마다하지 않는 희생정신이 있어야 오래 할 수 있다.

업종과 타깃에 따라 관상을 다르게 보라

내가 사는 아파트 상가에 두세 평 크기의 커피와 빵을 파는 가게가 있는데 여기는 초등학생 손님이 많다. 학교 앞이어서 그렇긴 하지만 사장님 얼굴이 애들을 부르게 생겼다. 둥근 얼굴형에 코도 입도 눈도 동글동글 곡선이 많다.

곡선이 많으면 어려 보이고 생기가 있어 보여 어린 사람들도 좋아한다. 〈전국노래자랑〉의 사회자 송해처럼 얼굴에 곡선이 많으면 남녀

노소 불구하고 모두가 좋아한다. 얼굴에 직선이 많으면 생기가 없어 보이고 늙어 보이며 완고하고 고집이 세 보인다. 그래서 어린아이들이 좋아하지 않는다. 주변에 큰 커피숍이 들어와서 작은 가게들은 모두 폐업을 했는데도 이 가게가 오랫동안 성황을 이루는 것을 보면 나름대로의 타깃을 잘 잡은 것 같다.

아르바이트생을 구할 때는 서비스업, 배달업 등 업종에 따라 요구되는 성향이 다르다. 서비스업이야 희생정신이나 상대를 배려하는 마음이 우선이고, 배달업은 행동이 굼뜨지 않아야 한다. 서비스업도 음식점, 판매직, 술집 등에 따라 다르고 연령대나 남녀노소에 따라 조금씩 다르지만 콧대를 참고하는 것은 모든 서비스업에 해당한다.

멘토,
자문가를 찾는 방법

한 남자가 투자 자문가를 만나 미팅을 해보고 투자를 하기로 했다.

그가 첫 번째 투자 자문가를 만나기 위해 약속 장소에 도착해 보니 홈페이지에 올라와 있던 깔끔하고 쾌적해 보이는 이미지와는 달리 건물 입구부터 지저분하다. 엘리베이터에는 각종 배달 스티커와 안내문이 두서없이 붙어 있고, 사무실 입구에 있는 화분의 식물은 잎이 말라 죽어 가고 있으며 문밖에는 배달 음식의 그릇이 나와 있다.

사무실로 들어가자 대여섯 명의 직원들이 걸려 오는 전화를 받거나 업무를 하느라 바쁘다. 안내하는 사람이 딱히 없어 잠깐 짬이 있어 보이는 직원에게 이름과 용건을 말하니 손짓으로 유리문으로 된 상담실을 가리킨다.

10분 정도 기다리자 투자 자문가가 휴대폰으로 통화를 하면서 들어온다. 눈짓으로 인사를 하면서 통화를 계속한다. 이어 자기 사무실로 들어가자는 손짓을 하면서 앞장선다. 슬리퍼 끄는 소리가 들려 차림새를 살펴보니 노타이에 와이셔츠로 옷은 구김이 많고 후줄근하다. 그는 말을 할 때마다 미간을 찡그리고 눈썹을 움직인다. 미간에 두 줄의 주름이 살짝 보인다.

전화를 끊으면서 입술을 씰룩거리며 위아래로 움직인다. 말을 하고 있지 않아도 입꼬리는 내려가 있다. 피부는 꺼칠하고 윤기가 없다. 눈 아래가 처져 있고 색이 어둡다. 말하는 것을 들어 보니 누군가에게 쫓기기라도 하듯 다급하고, 목소리는 허스키하다.

남자는 대충 미팅을 마치고 두 번째 투자 자문가를 만나러 간다. 그곳은 첫 번째 장소와는 다르게 건물 외관도 깨끗하고 건물 입구도 오래된 먼지 없이 쾌적하게 보인다. 엘리베이터에는 간단한 안내문만 붙어 있고 깔끔하게 청소가 되어 있다.

사무실로 들어가니 3분도 지나지 않아 단정한 슈트 차림의 투자 자문가가 들어온다. 그는 밝은 표정으로 편안하게 웃으며 인사를 한다. 목소리는 약간 굵고 중저음에 매끄럽다. 얼굴색은 밝고 표정이 풍부하다. 평소에 잘 웃는 사람임을 알 수 있다. 얼굴 표정이 안정되어 있어 왠지 신뢰감이 든다. 그가 안내하는 사무실에 들어가니 차와 간단한 다과가 준비되어 있다. 뭔가 대접받는 기분이 들면서 기분 좋게 상담을 시작한다.

그 사람의 환경을 보면 더 많을 것을 알 수 있다

두 명의 투자 자문가 중 당신은 누구에게 컨설팅을 받겠는가? 물론 다른 조건은 대체로 비슷하다는 전제에서 말이다. 겉으로 보이는 모습에 영향을 받았을 것이다. 사람의 마음이 가지고 있는 에너지가 수많은 몸 근육의 움직임을 조절한다. 마음이 부드러우면 몸도 유연하고 부드럽다. 내면이 강직하고 완벽주의 성향의 사람은 몸의 근육도 굳어 있다. 아주 천천히 움직이고 있으므로 우리가 잘 느끼지 못할 뿐이다.

두 명의 투자 전문가의 외적인 모습을 비교해 보자. 첫째, 목소리이다. 국악 인생 40년인 주소연 명창名唱은 올바른 인성에서 좋은 소리가 나온다고 하였다. 그는 소리에 인성이 자연스럽게 녹아나므로 인성이 가장 중요하다고 강조한다. 소리를 들으면 소리꾼이 어떤 성격인지, 어떻게 살아왔는지 알 수 있으며 올바른 인성에서는 좋은 소리가 나올 수밖에 없다고 말한다.

첫 번째 투자 자문가는 통화하는 내내 다급한 목소리였다. 사람의 마음에 따라 호흡이 변하고 목소리가 바뀌는 법, 백화점에서 마음에 드는 아이템을 보면 심장이 뛰고 호흡이 가빠지며 목소리가 빨라지듯, 급한 성격의 소유자일 것이다. 그리고 그는 탁한 목소리를 가지고 있었다. 목소리가 탁하다는 것은 현재 운기가 좋지 않다는 것을 의미한다. 우리 몸이 아프면 목소리부터 달라진다는 것을 떠올리면 좋다. 때로는 눈으로 보는 것보다 목소리의 상태로 상대를 파악하는 것이 좋을 때도 있다. 그에 비해 두 번째 투자 자문가는 굵고 중저음의 매끄러운 목소리를 가졌으므로 일을 처리하는 데 여유 있게 임하는 사람이라는 것을 짐작할 수 있다.

둘째, 얼굴색이다. 화가 났을 때 '붉으락푸르락'이라는 표현을 쓴다. 얼굴색이 붉다는 것은 감정의 기복이 심하고 편안한 상태가 아니라는 것을 의미한다. 내가 상대하는 사람의 성품과 감정이 안정되고 편안해야 올바른 자문을 할 수 있다.

히포크라테스는 서양에서 상을 가장 먼저 보았다. 그는 사람들의 얼굴색을 보며 병을 읽고 그에 따른 치료를 했다. 살과 뼈, 근육의 형태, 얼굴의 부분 부분에 나타난 미묘한 색의 변화로 현재의 마음, 건강, 가까운 미래까지 읽어 냈다. 이것은 현재도 유효하다. 나와 같이 일을 하고 한배를 탈 사람의 얼굴색을 관찰하는 것이야말로 그 사람을 알 수 있는 중요한 요소이다.

셋째, 입의 모양이다. 입꼬리가 올라가면 성격이 밝고 긍정적인 사람이다. 반면 평소 입꼬리가 내려가 있는 사람은 부정적 사고를 많이 하며 늘 불평불만이 가득하다. 미간을 찡그리거나 이마를 올려 주름을 만드는 근육인 상안면 근육과 턱 부분에 있는 하안면 근육을 많이 쓰는 사람은 부정적 감정을 자주 표출한다고 볼 수 있다. 에너지가 좋은 사람을 만나야 좋은 기운을 받는다. 소위 '에너지 뱀파이어'라고 하는 사람을 자주 만나면 덩달아 기운이 빠진다.

혹자는 목소리, 얼굴색, 입의 모양과 같은 얼굴의 일부분만 보고 어떻게 사람을 판단하느냐고 할지도 모르겠다. 물론 거론하지 않은 사무실의 상태, 대기하는 시간, 고객을 맞이하는 태도, 다과 제공 등 주변환경도 결정을 할 때 고려할 것이다. 불확실한 시간 약속, 불쾌한 전화 통화, 체계적이지 않은 업무 처리, 대인관계 트러블 등 작은 요소들이 누적되어 서서히 관계를 좀먹게 만든다. 너무 서서히 진행되기 때문에 느끼지 못할 뿐이다. 어느 날 경쟁사가 생기거나 컨설팅 비용이 오르거나 계약을 갱신할 때가 되었을 때 고객의 마음이 돌아선다. 그간 고객에 대한 신뢰감을 떨어뜨린 행동의 대가를 치르는 것이다.

성공하는 사람들은
목소리부터 다르다

미국의 한 대학에서 '목소리가 사람들에게 끼치는 영향'에 관해 알아보기 위해 500여 개의 회사 CEO의 목소리를 수집하여 분석하였다. 그 결과 회사의 규모가 클수록, 연봉이 높은 사람일수록 목소리의 울림과 발음이 좋고 전달력이 좋았다고 한다.

사업이 잘된다는 의미는 '믿고 투자해도 되겠다', '함께 일해도 될 것 같다'는 믿음을 주는 것이다. CEO의 목소리가 다 죽어가는 목소리라면 그 기업은 이미 망한 것이나 진배없다. 몸이 악기라면, 목소리는 악기가 내는 소리이다.

소리가 시원찮다는 것은 악기의 기능에 문제가 있는 것이다. 허우대 멀쩡한 사람의 목소리가 가늘고 힘이 없다면 부산 사투리로 이렇게 말한다.

"생긴 거하고 다르게 사람이 와 힘아리가 없노."

좋은 악기라도 소리와 내용이 형편없으면 천하의 명검으로 깍두기를 써는 것과 뭐가 다르겠는가.

메라비언의 법칙The Law Of Mehrabian에 따르면 사람이 메시지를 전달할 때 가장 큰 비중을 차지하는 게 목소리라고 한다. 또 한 사람이 상대방에게서 받는 이미지는 시각이 55퍼센트, 청각이 38퍼센트, 언어가 7퍼센트에 이른다고 하니 말의 내용도 중요하지만 목소리가 크게 영향을 끼친다는 것을 알 수 있다.

몸이 아프면 목소리부터 달라진다. 맑고 경쾌한 목소리도 순식간에 탁하고 기운이 없는 목소리로 변한다. 소위 잘나가던 사람이 망하면 목소리에 기력이 없어진다. 노화의 가장 분명한 신호는 주름이나 흰머리보다 목소리에서 먼저 나타난다. 목소리는 그 사람이 가진 내적 에너지를 직접적으로 알 수 있는 대표적인 기관이라 할 수 있다. 건강 상태가 좋아야 기본적으로 좋은 목소리가 나오고, 평정심을 유지해야 듣기 편안한 목소리가 나온다.

소리를 만드는 호르몬

부자들의 목소리가 좋은 이유는 무엇일까? 그것은 남성호르몬인 테스토스테론의 수치와 밀접한 연관이 있다. 테스토스테론은 어깨뼈를 더 넓고 조밀하고 강하게 만들어 넓은 어깨를 만들고, 강하고 분명하고 넓고 예리한 턱선을 생성시킨다. 높은 테스토스테론 수치를 가진 남성은 목소리를 내는 데 필요한 모든 근육, 후두, 연골 그리고 결후(울대뼈)가 사춘기 시기에 두드러지게 자란다. 테스토스테론은 성대를 두껍게 만들고 목소리를 낮게 내도록 만든다. 또한 이 호르몬이 많을수록 목소리가 굵어진다.

테스토스테론 수치가 높을수록 전통적인 뜻의 남자다움, 즉 잘난 척하고 으스대고 의기양양해 하고 과격하게 굴고 잘 싸우는 등 누군가를 지배하려는 성향을 갖게 된다. 실제로 영장류 동물 무리에서 우두머리인 수컷은 대부분

테스토스테론 수치가 가장 높고, 힘없고 연약한 수컷들은 그 수치가 낮다고 한다.

조지아주립대학교 연구팀은 각 방면의 사업가, 정치인, 스포츠맨 등을 실험한 결과 사회적으로 높은 성취를 이룬 사람들의 테스토스테론 수치가 더 높게 나왔다고 발표했다.

테스토스테론은 경쟁이나 임무, 투자, 프로젝트를 할 때 정신이 다른 곳으로 흐트러지는 것을 막고 집중할 수 있게 도와준다고 한다. 또한 자극을 추구하고 위험을 감수하며 공격적이고 지배적인 성향을 가지고 있어 이 호르몬 수치가 높은 사람은 직장생활을 하다가도 사업가의 길로 나서는 경우가 많다.

남자가 여성의 목소리를 내면 남성들이 많은 직업군에서는 능력을 발휘하기가 힘들다. 여성스럽고, 소극적이고, 대립과 경쟁을 힘들어하므로 여성들이 많은 곳에서 일해야 적성에 맞고 오래도록 그 직업을 유지할 수 있다.

여성에게 남성호르몬이 많으면 보통의 여자들과는 다르게 경쟁심이 강하고 공격성이 있어 소위 남자 같은 여자가 된다. 과거에는 여성이 관골과 입이 크거나 턱이 발달한 사각 턱이거나, 크고 긴 얼굴 그리고 목소리가 높고 크면 과부상이라고 했으나 현대 사회에서는 여자 지도자상에 속한다.

목소리가 크고 높다는 것은 에너지가 강한 사람이므로 밖으로 나가야 한다. 사회적으로 성공한 여성들은 목소리부터 남다르다. 가늘고 여리여리한 목소리를 가진 리더는 없다. 고위 관리직, 기술직, 전문 직종에 종사하는 여성들은 일반 사무직, 서비스 업종에 있는 사람보다 테스토스테론의 수치가 높은 경향을 보인다.

타잔이 달리 '밀림의 왕자'이겠는가. "아아아~." 밀림 속 저 멀리까지 퍼지는 소리를 가졌다는 것은 내가 지배할 수 있는 범위가 넓고 능력도 그만큼 강하다는 것을 의미한다. 인간의 세계에서도 지도자 역할을 하는 사람이 목소리가 크고 웅장하며 에너지도 강하므로 지배력이 강한 사람이 된다. 자신이 가진 기운이 좋으므로 사회적으로 능력을 발휘하여 재물, 권력, 명예를 가질 수 있다.

관상에 얼굴이 많은 부분을 차지한다고 생각하는 사람도 많겠지만 실은 목소리가 제일 중요하고 그다음이 체상, 얼굴 순이다. 목소리는 형상을 뛰어넘는다. 목소리는 몸의 에너지이고, 눈은 정신의 에너지이다. 목소리가 좋다는 것은 건강하고, 기운이 좋고, 현 상태가 좋다는 것이다. 대체로 소리가 맑고 울림이 좋은 목소리는 건강이나 천성적 기질이 밝고 좋음을 상징한다. 얼굴은 보여 주는 상이지만 목소리와 말투는 보이지 않지만 얼굴로 승부를 내지 못할 때는 매우 중요한 포인트가 된다. 좋은 음질의 오디오가 잘 팔리듯이 사람도 목소리가 좋아야 사람이 따르는 법이다.

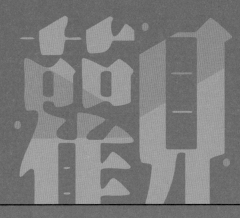

제4장

막힌 운도 술술 풀리게 만드는
관상 경영법

면접에서
자꾸 떨어져요

번번이 면접의 문턱에서 떨어지는 취업 재수생 B양, 서류전형이나 필기시험에서 떨어지면 원인이 뭔지 알기 때문에 대처할 수 있는 방안이 생기기라도 하는데 면접에서 자꾸 떨어지니 답답하기만 하다.

관상학에 조예가 깊은 모 그룹 부회장은 지원자의 점수가 아무리 높다 해도 관상이 좋지 않은 지원자의 서류에 세모 표시를 해둔다는 이야기가 있다. 심지어 관상이 좋지 않은 면접관은 면접장에 들이지 않았다는 설이 있다.

관상을 보고 직원을 채용한다는 것에 대해 거부감을 갖는 사람도 많다. 관상이 좋은 사람만 뽑는다는 말인가? 타고난 생김새를 가지고 평가당한다는 것은 그리 기분 좋은 일이 아니기 때문이다.

'작은 업체도 아니고 대기업에서 관상 면접을 보다니. 어쩜 그럴 수 있지?'라고 생각하며 부정적으로 받아들인다면 관상에 대한 선입견이나 기초 지식이 부족해서일 것이다. 면접관들과 면 대 면으로 면접을 보는 것도, AI 면접관이 보는 면접을 보는 것도 실은 당신의 관상을 보는 것이다. 당신도 매일 관상을 보고 살고 있다. 직장 상사의 표정을 살피는 것도, 옆자리의 동료 얼굴색을 보고 어디가 아픈지 안부를 물어보는 것도 관상의 범위 안에 속한다.

스스로 노력하면 타고난 관상은 얼마든지 바꿀 수 있다. 성형을 통해서가 아니라 내가 어떤 얼굴 근육을 많이 쓰는가에 따라 얼굴은 변하기 때문이다. 생김새를 뜯어보면 좋은 관상에 포함되는 것이 하나도 없지만 선한 눈빛이나 편안한 목소리를 가지면 사람이 달리 보인다. 생긴 것만이 그 사람을 대변하는 것은 아니다. 아무리 예뻐도 눈에 쌍심지를 켜고 불만에 가득 찬 표정을 하고 있다면 관상이 좋다고 할수 없다.

사람을 대하면 얼굴뿐만 아니라 전체적으로 뿜어 나오는 느낌이 있다. 관상 면접관이 생김새만으로 평가한다고 생각하면 오산이다. 그들은 그 사람의 삶이 응축된 에너지를 느끼는 것이다. 면접관이 개인적인 경험을 기준으로 느낌만 보고 판단한다면 오류가 생길 수 있으므로, 다양한 질문과 테스트를 통해 객관화시킨다. 면접은 사람을 통해서 전달되는 비언어적 느낌을 받아들이면서 언어적 커뮤니케이션으로 객관적 사실들을 확인하고 시험하는 과정이라고 할 수 있다. 잘생긴 사람을 뽑는 것이 아니다.

면접에서 제일 먼저 보는 것이 얼굴의 기색이다. 피부가 검거나 하앓다는 것을 보는 것이 아니라 정신적으로 건강한지를 살핀다. 얼굴이 붉은 사람은 심장에 열이 많은 사람으로, 그 심장의 기운으로 얼굴이 늘 상기되어 사람이다. 그런 사람은 조금만 감정을 건드려도 쉽게 흥분한다. 화를 내면 위에서 산이 분비되어 비위가 안 좋아진다. 그로 인해 장기가 상한다. 평소에 마음 관리를 얼마나 잘하고 있는지, 건강은 어떠한지와 같은 정보가 얼굴에 색으로 나타난다. 감기에 걸려 몸이 아프거나 밤새 잠을 설치기만 해도 얼굴색이 어두워지는 것을 보면 알 것이다.

두 번째로 전체적인 인상과 얼굴의 탄력 정도를 본다. 늙으면 탄력이 떨어지는 것은 당연하지만 나이 든 모든 사람이 얼굴에 탄력이 없는 것은 아니다. 얼굴에 생기가 넘치고 긍정적인 마음을 가지고 살면 얼굴에 탄력이 생긴다. 맨날 우울해하고 화를 자주 내면 근육의 탄력이 없어지면서 피부가 축 처진다. 잘 웃고 즐거운 에너지가 감도는 사람은 젊고 늙음을 떠나 근육이 위로 올라가 탄력이 생긴다.

세 번째로는 목소리를 보는데 제2의 얼굴이라고 할 정도로 목소리가 중요하다. 오디오 장비가 좋으면 듣기 좋은 소리가 나고, 상태가 불량이거나 문제가 있을 때는 소리가 좋지 않다. 목소리가 좋다는 것은 몸의 건강, 기운, 컨디션이 좋다는 것을 의미한다. 말끝을 항상 흐리는 사람은 용두사미형이다. 그런 사람은 일을 시작해도 끝까지 마무리하는 힘이 약하다. 이런 사람을 채용하면 일의 성과를 내기 힘들다.

목소리는 자신의 운기와 연결된다. 목소리가 안정된 사람은 성격뿐만 아니라 생활도 안정되어 있다. 자신감이 부족하거나 불안하면 목소리에서도 나타난다. 당신이 면접관이라면 목소리에 힘이 없거나 탁한 소리를 내는 사람에게 좋은 점수를 주겠는가?

마지막으로 보는 것이 눈빛이다. 눈은 흑백이 분명하고 빛이 나야 좋다. 흐리멍덩하고 충혈된 눈, 불안해하면서 눈알을 이리저리 굴리는 사람, 고개를 돌리지 않고 눈알만 굴려 사람을 쳐다보는 것, 대답할 때마다 눈썹을 치켜뜨면서 눈을 동그랗게 뜨는 사람 등은 면접에서 감점의 대상이 된다. 눈빛은 맑고 밝으며 자신감이 느껴져야 한다.

건강한 기운을 보이도록 하라

어느 날 지인의 딸과 함께 자리하는 일이 있었다. 지인은 대학교 4학년인 딸이 조만간 취업을 할 수 있을지 궁금해했다. 얼굴을 보니 얼굴형이나 이목구비는 조화를 잘 이루고 있었으나 얼굴 전체가 여드름으로 덮여 있었다. 나는 다른 것보다 피부부터 관리하라고 조언해 주었다. 호르몬 변화로 인해 발생하는 청소년기 여드름과는 달리, 성인 여드름은 위장 기능의 문제인 경우가 많다는 어설픈 지식으로 양배추즙을 먹어 보라고 권하였다.

관상의 기본은 기색이다. 붉은 기운이 돈다는 것은 운기 자체가 좋지 않다는 것을 의미한다. 자기 본래의 얼굴색에다가 윤기가 나고 탄력이 있으면 금상첨화다. 여드름이 많다는 것은 오장육부의 기능이 원활하지 않다는 것, 건강해야 좋은 기운이 찾아든다. 취업 준비로 성형수술을 하는 것이 능사가 아니다. 건강관리가 기본이 되어야 운기가 좋아져 합격운을 당겨올 수 있다. 그 후 지인의 딸은 깨끗하고 맑은 피부를 갖게 되었고, 아주 좋은 곳에 취업을 하게 된 것은 두말할 필요도 없다.

운의 한자어는 움직일 운運 자이다. 운은 늘 우리 주변에서 움직이고 지나가고 있다. 가만히 있으면 운이 찾아오지 않는다. 운은 준비된 사람에게만 온다. 재물운이 좋아도 집에 가만히 있으면 그 운을 받아먹지 못한다. 이성운이 온다고 다 애인이 생기는 것은 아니다. 운이 왔다 뿐이지 이성을 만나기 위한 마음과 노력이 더해져야 운을 맞을 준비가 된 것이다. 개인별 운세의 주기는 다르지만 누구나 다 때가 있다. 내가 아무리 열심히 해도 일이 잘 풀리지 않는 것은 아직 때가 되지 않았기 때문이다. 원인 없는 결과는 없다. 그러니 늘 '나는 지금 어떤 씨앗을 뿌리고 있는가?' 하고 자신을 돌아봐야 한다.

그러면 때가 온 것을 어떻게 알까? 노력하는 사람에게 그 '때'가 오면 얼굴에 윤기가 돌고 기색이 밝아진다. 기색은 인당에서부터 밝아지기 시작해서 전체로 퍼져 나간다. 그리고 주변에 사람들이 바뀌기 시작한다. 오래된 인연이 멀어지고 새로운 인연이 찾아든다. 굳이 운이 좋은 사람을 찾아다니지 않아도 모이게 되어 있다. 운 좋은 사람은 운 나쁜 사람을 멀리한다. 본능적으로 그렇게 한다. 운이 나쁜 사람은 눈빛이 좋지 않거나 부정적 에너지를 풍기기 때문이다.

관상 면접은 잘생기고 예쁜 사람을 뽑는 것이 아니다. 밝고 건강하며 긍정적인 에너지를 지닌 사람을 가리는 것이다. 그런 에너지가 담긴 눈빛, 목소리, 윤기, 탄력은 하루아침에 바뀔 수 있는 것이 아니므로 평소에 잘 웃고 긍정적인 마음을 가지도록 자신을 다스리자. 그러면 면접에서 떨어질 일은 없을 것이다.

승진에서 자꾸
밀리고 있다면

40대 후반의 남성 K는 이마가 넓고 그에 비해 하관이 좁은 편이다. 말을 할 때마다 눈썹을 움직이고 미간을 찡그리는 습관이 있다. 운이 들어오는 관문인 명궁에 세로로 주름 세 개가 있으며, 눈썹 근육에 힘을 주다 보니 눈썹뼈가 발달하였다. 눈썹뼈가 나오면 상대적으로 이마의 관록궁, 부모궁이 꺼지게 된다. 말을 할 때마다 미간에 주름이 생기니 윗사람을 극하는 형상이다. 이마인 윗사람 입장에서는 부하 직원이 말을 할 때마다 눈썹을 들어 올리니 좋아 보이지 않는다.

K가 이번 승진에서 누락되었다는 소식은 그리 놀라운 일도 아니었다. 그의 입장에서는 머리 회전이 빠르고 일 처리가 야무져 일에 대한 전문성이 있다고 생각하겠지만 그의 현재 관상을 보면 승진운이 약해 보였다.

이마는 15~30세까지, 눈썹은 31~34세까지를 본다. 이마 중앙에 위치하는 관록궁은 관계官界에 진출하는 관운을 판단할 뿐 아니라 그 사람의 사회적 지위, 출세운, 직업상의 성공 여부를 판단하는 곳이다. 관록궁이 꺼진 곳 없이 평평하고 윤택하고 색이 좋으면 명예를 얻고 지위가 높아진다. 회사원은 승진, 승급의 행운이 온다. 이 부위가 움푹 들어가고 점이나 흉터와 같은 흠집이 있고 색이 어두침침하면 관직운, 승진운이 약하다.

초년의 직장운은 이마와 눈썹을 위주로 보지만 40대가 되면 코와 관골이 좋아야 승진운이 순조롭다. 40대는 거의 대부분 중견 간부급이 많은데 위로는 상사(이마), 아래로는 부하 직원(턱)이 있다. 이마, 턱, 좌우 관골, 코는 동서남북 그리고 중앙에 있는 산과 같다. 코를 중심으로 이마와 턱은 상하 관계를 보고, 관골은 좌우 사회생활을 본다. 관골은 사회궁이므로, 이곳이 좋아야 사회에서 인정을 받는다. 코와 관골은 서로 상응 관계에 있으므로 이 부분으로 사회에서의 출세 여부를 가늠한다. 이마가 좀 부족하고 관골이 좋으면 부모덕이 없어도 본인의 힘으로 성공할 수 있는 저력이 있다. 노무현 전 대통령처럼 관골이 좋으면 많은 사람들을 거느릴 수 있는 권세가 있다.

50대가 되면 코와 관골의 힘만으로 승진하기가 어렵다. 입두덩이가 두툼하고 큼직한 입 그리고 법령이 있어야 한다. 법령은 50대 이후의 직업선이다. 법제호령法制號令, 즉 내가 법을 제정하고 호령할 수 있는 선이다. 이 선이 분명하지 않거나 입술이 뒤집혔다면 40대에 직장 승진운이 순조로웠다 해도 50대는 장담할 수 없다. 법령은 직업선이

기도 하지만 권위와 위엄을 나타낸다. 법령선이 있어야 집에서나 직장에서 권위가 서고 그에 적합한 지위를 가질 수 있다.

임원이나 이사로 승진하려면 법령선 외에도 턱(노복궁)이 넓고 둥글며 살집이 적당해야 한다. 이런 형상을 가진 사람은 리더십이 있기 때문이다. 또 이마가 좋고 기세가 있어야 한다. 골격이 크고 몸이 약간 비대한 구석이 있어야 높은 곳까지 승진이 가능하다.

표정만 관리해도 운이 바뀐다

K는 이마는 넓으나 눈썹뼈가 발달하여 자기 고집이 세다. 이런 사람은 융통성이 부족해 자기가 옳다고 생각하는 것은 끝까지 밀어붙이는 성향이 있어 윗사람으로서는 그리 달갑지 않을 때도 있다.

40대 운을 상징하는 코와 관골 부분은 어떤지 살펴보니 K의 코는 길고 높아 성격은 보수적이고 자존심이 강한 성향을 지녔다. 자기에게 맡겨진 일은 힘들어도 끝까지 해내는 책임감과 전문성이 강하다. 보수적인 성격이어서 자기 생각을 이리저리 쉽게 바꾸지 않는다. 코가 크고 긴 데 비해 관골이 그리 발달하지 않아 휘몰아치는 바람을 코 혼자서 다 받는다. 코와 관골이 조화로워야 하는데 코가 더 높으니 주위 사람에게 일을 맡겨도 안심할 수 없어 본인이 꼭 챙겨야 직성이 풀린다. 이마에 비해 턱이 부족하다 보니 부하 직원이 일 처리를 제대로 하지 않으면 스트레스를 많이 받는다.

연구직 교수, 연구원, 전문직에서 오랫동안 종사한 사람들의 얼굴이 주로 이러한 형태를 띤다. 자기 분야에서 능력을 인정받으려면 주체성과 끈기, 인내력, 책임감 등이 수반되어야 한다. 코도 두루뭉술, 턱도 두루뭉술하면 꼼꼼하고 세심하게 일 처리를 해내지 못한다. 이래도 좋고 저래도 좋은 성격이어서 사람 좋다는 소리는 들어도 업무에 있어서는 허점을 많이 드러난다.

K는 일단 윗사람과의 원만한 기운을 주고받기 위해 인상을 쓰지 않기로 했다. 미간 주름, 눈썹을 움직이는 버릇을 고치려고 노력할 것이라고 했다. 마음의 주름을 다려야 얼굴 주름도 펴진다. 쉽진 않겠지만 부하 직원들에게 포용력과 아량을 가지고 마음을 베풀기로 다짐하였다.

본인 스스로 마음에 다림질을 하기 시작했으니 결과가 좋을 것이다. 그의 체상에서 느껴지는 기세가 강하고 눈의 흑백이 뚜렷해 총기가 있으며, 목소리가 좋아 성정이 안정되어 있으므로 다음 승진 때는 승산이 있을 것이다.

그가 사업을
하게 된 이유

B는 자신이 사업가가 되리라 생각하지 못했다. 그는 늘 의사를 꿈꿨다. 고등학교 시절, 공부도 잘해서 그가 의대에 가는 일은 그리 어려운 일이 아니라고 여겼다. 실제로 그는 교대에 합격해 대학에 다닌 적도 있었다. 교대에 다니다가 의대 진학을 위해 다시 공부를 시작할 때, 어느 누구도 스물아홉 살까지 수능 교재를 붙들고 있으리라 생각하지 못했다. 다섯 번의 수능시험에 떨어져서야 그는 다른 길을 모색하기 시작했다.

그는 자신이 오래도록 공부했던 경험을 살려 교육 관련 사업을 시작했다. '독학관리학원'이었다. 수험생에게 개인 공간과 인터넷 강의를 마음껏 이용할 수 있는 환경을 제공하되, 학원에서는 개개인의 학습 태도가 풀어지지 않도록 관리를 해주는 사업이었다.

창업한 2010년은 그의 나이 32세였을 때였다. 그 후로 4~5년의 시간이 흘렀지만 사업은 크게 나아지지 않았다. 5년 동안 겨우 열 명의 직원을 늘릴 수 있었다. 크게 나아지지 않는 사업에 그는 사업을 접어야 할지, 계속한다면 어떻게 돌파구를 찾아야 할지 고민이 컸다. 그런 와중에 그는 내가 강의하는 관상학 수업에 참석하게 되었다.

남들이 가지 않는 길을 가는 개척자

B의 첫인상은 그야말로 모범생이다. 머리가 총명하고 성품이 온화해 실력 있고 덕망 있는 의사가 되었음직한 외모였다. 그런데 그의 얼굴을 자세히 들여다보니 그가 의대에 가지 않은 것이 천만다행이라는 생각이 들었다.

고전 관상학에 의하면, 부모운과 학업운이 담긴 이마는 아마존의 CEO 제프 베이조스처럼 넓고 평평하며 둥글어야 한다. 그런데 B는 이마 중앙인 관록궁이 엄지손가락으로 눌러 놓은 것처럼 들어가 있고 작은 수두 자국 같은 흉터가 있었다.

관록궁은 합격운과 명예운, 합격운, 직업운을 보는 곳이다. 관록궁이 꺼져 있거나 주름, 흉터 등이 있으면 재수, 삼수를 하거나 자신이 원하는 대학에 들어가기가 쉽지 않다. 힘들게 들어가더라도 학업을 지속하는 데 어려움이 많고 취업을 하더라도 직업 변동이 잦게 된다. 그가 대학 진학과 자퇴를 반복했던 것은 자신이 가진 포부와 야망에 비해 대학 수준이 성에 차지 않았기 때문이다. 한마디로 이마가 넓고 높아 꿈과 이상은 높은데 자신이 합격한 대학들은 모두 그의 기준을 만족시켜 주지 않았을 것이다.

그는 넓은 이마의 양쪽 가장자리 '변지역마'가 발달하였는데, 이곳이 발달하면 먼 곳을 가는 출장운, 해외운이 좋다는 것을 의미한다. 이런 사람은 남들이 가지 않는 길을 늘 가던 것처럼 잘 가는 타입이다.

게다가 양쪽 눈썹 끝에서 이마로 올라가는 뼈대가 솟은 것을 '보골'이라 하는데 이것은 자기가 하는 일에 최고가 될 수 있는 가능성을 보여 주는 곳이다. 문재인 대통령의 이마에는 양쪽으로 강하게 올라간 두 줄의 뼈대가 있다. B 역시 그런 보골을 가지고 있었다.

자기 사업을 지속해도 될지 고민이 많은 그는 관상학을 통해 자신의 기질이 사업에 잘 맞는다는 것을 깨달았다. 그리하여 사업을 지속해 보리라 다시 마음을 다잡게 되었다.

35~40세에 사업이 번창한다

당시 그는 사업이 어떻게 될지 궁금해했는데 그 전에 나는 그의 눈썹과 눈을 보고 점차 사업이 나아지리라 짐작했다. 그가 사업을 시작할 시점의 상황은 그의 눈썹을 통해 읽을 수 있었다. 31~34세에 해당하는 눈썹을 보니 속살이 살짝 비칠 정도로, 진하지도 옅지도 않게 적당히 잘 누워 있다. 잘생긴 눈썹은 형제와 우애가 각별하다는 것을 의미하고, 나아가 대인관계가 원만하다고 생각되었다.

게다가 창업한 2010년은 그가 32세였을 때였다. 그 나이의 운기는 돌출된 눈썹뼈에서 읽을 수 있는데, 눈썹뼈가 튀어나온 사람은 치열하게 노력하고 적극적인 자세로 자신의 길을 간다. B 역시 그때 특유의 추진력과 행동력이 발휘되어 창업을 했으리라 해석할 수 있다.

35~40세의 운기는 양쪽 눈을 본다. 그즈음 없던 쌍꺼풀이 생기면서 눈이 커졌다고 한다. 눈이 커지면 표현력이 좋아질 뿐만 아니라 새로운 사업이나 아이템을 남들보다 훨씬 더 빨리 받아들이는 장점이 있다. 그는 눈에 각이 없고 선이 부드러워 깊이 고뇌하지 않고 지나치게 조심하지도 않는다. 언뜻 보기에는 성격이 물렁해 보이지만 단호한 면도 있다. 일단 화가 나면 눈두덩이가 부풀어 오르고 눈이 옆으로 더 길어져 쉽게 꺼지지 않는다. 귀는 정면에서 볼 때도 확실히 드러나 타인의 말을 잘 경청한다. 이를 볼 때, 35~40세의 운기가 좋아보였다. 실제로 얼마 지나지 않아 IT 발달로 인해 교육 업계가 크게 변화했고, 누구보다 발 빠르게 대처했던 그의 사업은 크게 번창하게 되었다.

어떤 리더가 될 것인가

나는 B에게 관상에 대해 많은 이야기를 해주진 않았다. 그러나 여러 번 강조했던 이야기가 하나 있다. 그가 크게 성공한다면 그 원동력은 '사람'에 있을 것이라고 말이다. 그의 관상을 볼 때 대인관계에 능력이 있는 사람이고, 그 또한 주변 사람들과 함께 가고자 하는 인덕이 많은 사람이기 때문이다.

B의 코는 길지도 않고 짧지도 않은 적당한 길이에 살집이 잘 붙어 있다. 코를 중심으로 양쪽 관골이 잘 받쳐 주고 있어 사람과의 관계에서도 독주하지 않는 사람이다.

흔히 코가 높기만 하고 양쪽 관골에 살이 없으면 자기주장이 강하고 독단적으로 일을 밀어붙이는 사람이어서 인덕이 부족해지고 결국 사업에 성과를 크게 나타내지 못한다. 사업에 있어 사람이 곧 재산이다. 긍정적인 마인드를 가지고 잘 웃는 사람은 입꼬리가 올라가며 관골에 살이 붙는다. 중년의 인덕은 관골에 있다.

그러면서도 그는 남다른 책임감을 갖고 있다. 그는 웃을 때 입꼬리가 위로 맘껏 올라가지 않는데, 얇은 듯 야무진 그의 입술에서 스스로 각오를 다져온 그의 심정을 엿볼 수 있다. B는 실제로 어려운 집안 형편과 빚 때문에 고생하는 부모님을 보고 집안을 일으켜 세워야 한다는 생각을 오랫동안 갖고 있었다.

게다가 그의 턱은 정면에서 보면 U자 형태로 각이 져 탄탄한 느낌을 준다. 턱 전체가 둥글고 튼실해 책임감과 투지가 있으며, 턱 덕분에 아랫사람이 많다. 후배를 길러 낼 줄 알기에 그를 받쳐 주는 사람들이 주위에 포진해 있다. 이 턱살이 빠지면 풍요로운 만년과는 거리가 멀어진다. 나는 B에게 그런 본성을 회사 운영에도 그대로 적용해 사람에 대한 책임감을 놓지 말라고 조언했다.

그래서일까. 어느 잡지에서 그의 인터뷰 기사를 보게 되었는데, 그

걸 보고 나는 B가 탄탄대로 번창할 것이고 아랫사람의 지지를 얻는 성공한 CEO의 모습을 유지할 수 있을 것이라 생각하게 되었다. 관상학 수업을 들은 지 오랜 시간이 흘렀음에도 여전히 자신의 마음을 잘 다스리며 회사를 운영하고 있음이 고스란히 묻어났기 때문이었다.

"수익 창출 대신 학생들의 발전을 목표로 하는 혁신학교를 만들어, 모아 둔 학업 관련 빅 데이터를 한껏 활용해 공부하는 아이들에게 효율적으로 도움을 주고 싶다."

요식업으로 성공하는
사람의 관상

아이들 학원이 많은 아파트 상가에 분식집이 생겨서 한번 들어가 보니 50대 중후반의 부부가 주인이었다. 장사 경험은 없어 보였고 테이블 배치와 주방은 주인장 생긴 대로(?) 배치되어 있었다.

남자 사장님의 이마는 넓고 코는 높고 길며 관골과 볼에는 살이 없다. 전형적인 목형(역삼각형)의 얼굴이었다. 먹는장사의 기본은 자신이 먹는 것을 좋아해야 한다. 그는 입술이 얇고 보통 크기의 입을 가졌는데, 이런 사람은 이성적인 사람이어서 먹는 것을 크게 즐기지 않는다. 코가 높고 관골에 살이 없으면 자존심이 강하고 자기중심적인 사람이므로 주변 사람을 먼저 배려하는 서비스업에는 맞지 않는다.

이 가게는 테이블이 있는 공간보다 주방이 더 컸다. 잔디밭과 푸르른 녹음이 보이는 좋은 위치에 김밥 만드는 테이블과 계산대가 있었다. 고로 주인은 늘 좋은 풍경을 보면서 김밥을 만들고 있었다. 손님 테이블은 그 전망과 반대쪽인 안쪽에 있었다. 주방 공간이 더 커서 손님이 몰리는 시간에는 좌석이 부족해 매출의 한계가 있어 보였다.

그렇게 따지고 보니 주인은 자기중심적인 사람이고 주변을 먼저 배려하는 사람이 아니었다. 공직이나 연구직 등 혼자서 하는 일에 더 적합한 사람으로 보였다. 서비스업을 하는 사람으로서 자신이 먼저 대접 받으려 하면 결국 돈을 벌지 못한다. 이처럼 가게 인테리어가 주인의 얼굴에 나타난 성격대로 되어 있는 것을 보면 참 재미있다.

많은 가게가 생기고 없어지는 과정을 지켜보면 얼마나 안이하게 장사를 시작하는지 안타깝기 그지없다. 그 분식점은 결국 2년도 채 되지 않아 주인이 바뀌었다. 바뀐 주인은 주방을 줄이고 김밥 만드는 공간을 다른 곳으로 옮기고 그 자리에 손님 테이블을 놓았다. 바뀐 주인의 얼굴을 보니 산근(콧마루와 두 눈썹 사이)이 약간 낮고 코가 작은 편이며 관골과 볼살은 탄력이 있으며 입술도 크고 도톰하였다. 먹는 장사에 어울리는 사람이 가게를 인수한 것이었다. 이후 손님이 많아진 것은 당연지사였다.

좋아하고 잘하는 일을 해야 가능성이 싹튼다

어떤 일이든 성공을 하기 위해서는 제일 먼저 자신이 그 일을 좋아해야 한다. 가령 먹는 장사를 하려면 먹는 것을 좋아해야 한다. 이것저것 많이 먹어 봐야 보는 눈이 생긴다. 먹는 것을 좋아하는 사람의 입은 약간 두툼하고 큰 편이다. 입이 작고 얇은 사람은 아무 음식이나 좋아하지 않고 가리는 편이다.

그다음 자기가 잘하는 것이 무엇인지 생각해야 한다. 식당을 경영하려면 사람들과 어울리는 것을 좋아해야 한다. 요리사를 두고 식당을 경영하는 것과 자신이 직접 요리하는 것은 차이가 있다. 이 점을 간과하고 많은 사람들이 요리를 잘한다고 식당을 차린다. 식당 경영자는 사람을 좋아하고 사람과의 유대관계가 좋아야 한다. 백종원처럼 코가 뾰족하지 않으며 관골이 좋고 하관이 둥그스름하게 살이 두툼한 사람은 사교성이 좋고 아랫사람도 잘 챙기고 대인관계가 원만한 편이다. 반면 요리만 하는 요리사는 전문직이므로 볼살이 그리 많지 않고 입술도 얇은 사람이 많다. 요리사를 중심으로 둘러앉아 먹을 수 있는 참치집 같은 구조에서는 요리사와 손님이 얼굴을 마주 보고 있어야 하기 때문에 요리사는 얼굴에 살이 좀 있는 사람이 낫다. 음식 종류와 가게의 구조에 따라 매출을 올리는 요리사의 얼굴이 다르다.

마지막으로 시대가 요구하는 것이 무엇인지 생각해 보아야 한다. 1인 가구가 늘면서 혼자 고기를 먹을 수 있는 곳 또는 고기를 구워서 배달해 주는 서비스가 생겨난 것처럼 시대적 흐름에 따른 요소와 맞물리면 성공할 가능성이 높다.

다시 한번 말하지만, 요식업에서 성공하고 싶은 사람의 첫 번째 조건은 먹는 것을 좋아해야 한다. 입은 소화기 계통의 첫 관문이다. 입이 작은 사람은 적은 양의 음식을 섭취하고, 입이 큰 사람은 많은 음식도 먹을 수 있다고 본다. 잘 먹어야 많은 양의 에너지를 만들 수 있으니 입의 크기로 활동적인 성향인지 아닌지를 알 수 있다. 즉 입이 크고 두툼하면 식탐도 있고 활동적인 사람이다.

유튜버가 돈을 잘 번다고 소문이 났지만 모든 유튜버가 돈을 버는 것은 아닐 것이다. 뭐니 뭐니 해도 유튜브가 되려면 평소 사진 찍기나 영상 찍기를 즐기는 사람이어야 한다. 아무리 대세라고 해도 사진 찍히는 것을 질색하는 사람이 억지로 유튜버로 나서 봤자 중도에 포기하고 말 것이다.

무엇이든 싹수가 있는 사람이 해야 한다. 싹수가 없다면 아무리 환경적인 요인을 잘 갖추었더라도 씨앗이 싹을 틔우지 못한다. 싹수는 미래의 '가능성'이다. 돈을 벌려는 그 분야에 싹수가 있는지 먼저 고려해야 한다.

우리 아이는
어떤 길을 가야 할까

〈우리나라 창조경제 인재의 산실, 카이스트 재학생들의 이마 연구〉라는 논문을 보면 카이스트에 재학 중인 30명의 남학생들은 모두 이마 부위의 근육이 발달해 돌출되어 있다고 나온다. 이들은 눈썹 위의 근육이 잘 발달하여 관상학적으로 초년에 고생을 하고 40세 넘어 자수성가한다는 '이마형'에 속했다.

관상학에서는 눈썹 위의 근육을 '미골'이라고 하는데, 이 부분이 발달하면 상대적으로 이마는 꺼지게 된다. 이마는 부모운을 보는 자리이며, 관운을 보는 관록궁이 자리잡고 있다. 과거에는 이마가 잘생기면 벼슬길에 나가 나라의 녹(祿)을 받는 신분이 되었고, 이마가 꺼지고 미골이 발달하면 중인의 신분인 기술자에 속했다. 현대적으로 보면 정치인 이회창처럼 이마가 넓고 평평하게 잘생긴 사람은 법조계에 많고, 카카오 의장 김범수처럼 미골이 발달한 사람은 IT나 기술 분야에 많다.

학습적인 부분에서 사람은 저마다 타고난 능력이 다르다. 많은 사람들이 어려워하는 수학과 과학을 쉽게 익히고 좋아하는 사람이 있는 반면, 수학을 어려워하지만 역사, 세계사 분야에서는 연대별 사건이나 복잡한 인물에 대한 정보를 줄줄이 꿰고 있는 사람도 있다. 암기력이 좋은 사람, 관찰력이 좋은 사람, 운동 신경이 좋은 사람, 사교적인 사람, 표현력과 창의력이 좋은 사람 등 저마다 타고난 재능과 소질은 다 다르다. 이런 개별적인 학습능력 역시 얼굴에 나타나 있다.

피겨스케이팅의 여왕 김연아는 이마에 잔털이 많아 이마가 상대적으로 좁아 보인다. 이마에 잔털이 많으면 감성이 풍부한 성향을 보인다. 이런 사람은 공부에 매진하는 것보다 예체능으로 진로를 선택하면 더욱 능력을 발한다. 관상학적으로 이마 주변에 잔털이 많으면 감성이 풍부한 반면 공부에 별 취미가 없다. 이런 사람은 가만히 앉아서 공부하는 것보다 밖으로 나가 활동하는 것을 더 좋아한다. 이런 성향의 아이에게 가기 싫은 학원을 억지로 보내거나 강압적으로 공부를 시킨다면 아이는 가출을 하거나 반항할 수도 있다.

주변을 보면 운동에 소질이 있는 사람이 공무원 시험을 준비하거나, 수학보다 언어 재능이 뛰어난 사람이 회계사 시험을 준비하고, 자영업에 딱 맞는 성향의 사람이 조직사회에 진입하기 위해 면접을 보러 다니는 경우가 많다. 이러한 시간 낭비를 줄이기 위해서라도 자신이 어느 방면에 학습능력을 타고났는지 반드시 파악할 필요가 있다.

페이스북 CEO 마크 저커버그의 이마는 넓고 도톰하여 상당히 좋은 이마에 속한다. 이마가 넓다는 것은 두뇌 활동이 좋아 사고력, 창의력, 판단력, 지적 능력이 뛰어나다는 것을 의미한다. 이런 사람은 학습능력이 좋아 공부도 잘하고 좋은 학교에 진학할 확률이 높다. 반면 이마가 좁고 낮으며 피부 표면이 매끄럽지 않으면 학습능력이 떨어져 아무리 많은 돈과 시간을 투자하더라도 효과를 보기가 어렵다.

부모가 자식이 어느 분야에 학습능력을 타고났는지 파악하면 그에 맞는 공부법이나 학습 분야에서 기대하는 효과를 볼 수 있다. 물론 자기가 좋아하는 분야의 공부만 시킬 수는 없지만 큰 방향성은 제시할 수 있다. 타고난 소질에 맞는 직업을 찾는 데 조언해 줄 수 있다.

대나무 공예를 배우러 간 두 친구 이야기이다. 이들은 어느 날 대나무를 잘라 쌀을 넣어 만든 밥을 먹게 되었다. 이제껏 먹어 본 적이 없을 정도로 밥맛이 기막혔다. 그 후 한 사람은 대나무밥 식당 사업을 하여 성공하였고, 다른 한 사람은 대나무 공예의 일인자가 되었다. 대나무를 밥그릇으로 본 사람과 예술품으로 본 사람은 서로 다른 재능을 가졌다. 이처럼 같은 것을 보지만 자신의 사고체계에 따라 직업 분야도 달라진다.

공부가 가장 쉬운 사람이 있는 반면 사람을 상대하는 영업이 더 쉬운 사람도 있다. 공부를 1등 한다고 사회생활에서도 1등 한다는 보장은 없다. 저마다의 분야에서 1등으로 살고 싶으면 일단 생긴 대로 진로를 선택하는 것이 현명하다.

언상만 바꿔도
돈이 들어온다

40대 초반인 C. 주변 사람들이 아무리 좋은 말을 해주어도 정작 그녀가 되받아치는 말은 온통 부정적이었다. C는 항상 말을 시작할 때 상대방의 말을 부정하면서 시작했다. "그게 아니고요.", "아무리 해도 안 되던데요?", "그렇게 한다고 달라질 것 있어요?" C는 참 대화하기 어려운 사람이었다. 말끝마다 기다렸다는 듯이 안 된다는 것을 전제로 깔고 대답을 했다.

 C는 돈을 벌어도 모이지 않고 자꾸 나갈 일만 생기고, 하물며 그녀의 남편은 직업 변동이 잦아 별다른 수입이 없다고 했다. 매달 시댁에서 생활비를 지원받았다. 그녀 또한 취업을 해도 몇 달을 못 있고 그만둔다. 내막을 들어 보면 그녀를 고용한 사람이 내보낸 거나 마찬가지였다. 그녀의 관상은 특별히 모난 구석이 없지만 입에서 나오는 말

은 모두 불평불만으로 가득 차 있었다. 그녀의 얼굴만 보면 그 자리에서 일어나고 싶을 정도로 부정적인 에너지를 내뿜고 있던 것이다.

가장 복을 많이 까먹는 언상

안면 관상이 좋지 않아도 목소리나 말버릇, 즉 언상言相이 좋으면 그 나름의 복이 있다. 관상이 완벽한 사람은 없다. 사람마다 복이 있는 곳이 다르다. 목소리에 복이 깃들어 있는 사람, 안면에 있는 사람, 안면이 좀 부족하더라도 체상이 더 좋은 사람 등 각각의 좋은 점이 모여 더 큰 장점을 만들기도 하고, 한 부위의 좋은 점 덕분에 잘살기도 한다. 눈에 보이는 것이 부족해도 눈빛이 좋아 잘사는 사람도 있다. 이렇게 각각 복이 있는 부위가 다르지만 가장 복을 많이 까먹는 것이 언상이다.

원시 시대부터 지금까지 종교의식에서는 소리 내어 말로 표현한다. 말을 통해 기도를 하고 주문을 외운다. 우주에 주문을 건다. 말에는 기가 담겨 있다. 미국에 있는 친구와 통화를 해도 친구의 기분이 좋은지 안 좋은지 기운이 느껴진다. 전화로 악담을 퍼부어도 그 기를 느껴 기분이 좋지 않다. 그만큼 말이란 것은 에너지 파동이 강하다.

성상은 목소리, 언상은 말의 내용, 말버릇, 말하는 방식 등을 말한다. 성상은 소리 그 자체를 보는 것이라면 언상은 목소리와 말의 내용, 태도 등을 모두 포함하는 포괄적인 개념이라고 할 수 있다. 목소리가 아무리 듣기 좋아도 그 내용이 짜증스럽고 말투가 조악하다면 언상이 좋다고 볼 수 없다.

언상은 운명에 지대한 영향을 미치고 운명을 만드는 초석이다. '말'을 늘려서 발음하면 '마알'이 된다. 이는 '마음의 알갱이'란 의미이다. 말이란 마음을 쓰는 것이다. 좋은 말버릇은 마음을 곱게 쓰는 사람이고, 말을 험하게 하는 사람은 마음을 험하게 쓰는 사람이다. 말에는 세상을 창조할 수 있는 마음의 힘이 들어 있다.

안타까운 마음에 C에게 돈을 부르는 가장 기본적이고 돈 안 드는 몇 가지 조언을 해주었다.

첫째, 말버릇을 바꾸어라.

말이 운명이 된다. 징징거리는 말투, 부정적으로 말하는 방식, 말하면서 인상 쓰는 습관을 고치고, 말을 하면 끝맺음을 잘하고, 상대방 말을 받아들일 마음의 준비를 하라고 알려 주었다. 무엇보다 마음을 열라고 당부하였다.

'그게 아니라~'로 시작하는 말투는 상대방의 말을 제대로 들을 생각뿐만 아니라 받아들일 생각 자체가 아예 없는 것이다. 자기 마음속으로는 뭘 해도 안 된다고 못 박아 놓은 사람이다. 그녀가 다른 사람을 만나 조언을 구하는 것은 마음을 바꿀 생각은 없지만 불평불만을 털어놓을 대상이 필요하기 때문이다.

모두가 피하는 사람보다 만나고 싶어 하는 사람이 되려면 남의 말을 잘 경청해 주고, 긍정 에너지를 가지고 있고, 말투가 거슬리지 않아야 한다. 남들이 이유 없이 나를 싫어한다면 그 원인 중 하나는 말투가 기분 나쁘기 때문이다. 내가 기운이 안 좋으면 지지리 궁상인 사람만 나를 찾는다. 취업도 돈도 부정적 에너지가 넘치면 막힘이 많고 행운이란 것도 구경도 못 하게 일방통행으로 지나가 버린다.

둘째, 웃어라.

돈을 부르고 싶으면 긍정적인 에너지를 뿌려야 한다. 어려운 상황에서도 생각을 키우고 자신의 모든 것을 있는 그대로 수용하고 긍정적으로 받아들이면 좋은 에너지가 온다. 남편이 직업 변동이 잦아도 매달 생활비를 주는 시댁이 있는 것만으로도 감사할 일이다. 그렇지 않은 부부가 더 많기 때문이다. 사람은 되는 일이 없거나 어려운 문제에 직면하면 힘들어서 앞이 캄캄해진다. 우울, 불안, 근심, 걱정, 불평 불만이 마음에서 생겨나면 우리 뇌에서는 불안 물질이라 불리는 아드레날린이 분비된다. 남편을 원망하면 뇌에서 노르아드레날린이 분비되고, 이는 신체에 유해하게 작용한다. 부정적인 호르몬은 혈액 순환을 방해하고, 쉽게 피로하게 만든다.

반면 즐겁게 웃으면 뇌 속에서 도파민이라는 신경전달 물질이 분비되면서 엔도르핀, 다이도르핀 등 각종 면역강화 물질의 분비를 촉진시킨다. 이 물질은 다시 뇌로 들어가 불필요한 스트레스 호르몬의 분비를 억제시킨다. 많이 웃으면 기분이 좋고 평안해지며 몸도 가벼워진다.

셋째, 얼굴색을 밝게 하고 윤기가 나게 하라.

오랜만에 만난 친구가 얼굴색이 좋고 윤기가 나면 일이 잘 풀리고 있다고 보면 된다. 얼굴색이 좋다는 것은 기운이 잘 돌아가고 있다는 의미이다. 현재 그 사람의 운이 어떤지 보고 싶다면 얼굴색과 윤기 그리고 탄력이 있는지 살펴보면 된다. 얼굴색이 좋고 탄력이 있다는 것은 생기가 있다는 의미이다.

집에 며칠 가만히 혼자 있어 보라. 얼굴에 생기가 돌지 않아 아무 감정이 없는 사람처럼 보인다. 반면 바깥으로 바쁘게 돌아다니는 사람의 얼굴은 생기가 돈다. 움직여야 생기가 돌고 좋은 기운이 생긴다. 기운이 정체되면 안 되고 기의 흐름을 좋게 해야 생기가 돈다. 일어나지 않을 일을 미리 걱정하고 사는 사람도 기색이 안 좋아진다. 기색은 몸의 에너지(장기의 상태)가 밖으로 드러난 것이다. 성질내고 화내면 위에서 산이 나와 얼굴이 붉으락푸르락해지고 그것이 오래가면 얼굴에 기미로 올라온다.

좋은 기색을 만드는 방법

- 좋은 기운을 주고받아라.
- 잠들기 전에 마음을 편안히 하고 마음을 비워라.
- 다른 사람을 칭찬하고 되도록 좋은 이야기를 하라.
- 늦은 술자리를 피하고 일찍 들어가 쉬어라.
- 에너지 뱀파이어를 피하라.

넷째, 목소리를 다듬어라.

얼굴은 본 적 없지만 전화 통화만 한 사람에게 호감을 느낀 적이 있을 것이다. 목소리가 탁하지 않고 맑고 밝으며 말투나 말하는 방식이 예의 바르고, 말끝을 흐리지 않고 분명하게 말하는 사람 말이다. 중저음의 편안한 목소리는 사람을 기분 좋게 만든다. 쇳소리가 나거나 지나치게 고음이거나 허스키한 목소리는 오래 듣고 있으면 피곤해진다.

마치 오래된 오디오에서 치지직 소리가 나는 것과 다름없다. 라디오에서 잡음이 나오면 듣기 싫어 끄고 싶어진다. 그런 소리를 오래 듣고 있으면 짜증이 나고 신경이 날카로워진다. 사람도 그렇다. 몸의 상태가 좋아야 좋은 목소리가 나온다. 성질이 나면 째진 목소리가 나오고 언성이 높아진다. 몸의 상태가 좋으면 좋은 소리가 나온다. 그러므로 목소리를 가다듬는다는 것은 잘 먹고, 잘 자고, 좋은 생각을 하고, 건강해야 한다는 말이다.

아무리 못생겨도 목소리가 좋으면 다시 쳐다보게 된다. 정말 잘생기고 예쁜 사람일지라도 목소리가 너무 안 좋으면 달리 보인다. 두 가지는 많은 차이가 있다. 외형이 좀 부족해도 목소리가 좋다는 것은 내면의 성정이 안정되어 있다는 의미이고, 외형은 정말 좋은데 목소리가 안 좋으면 겉보기와는 달리 오장육부의 내기內氣가 좋지 않다는 의미이니 더 실망스럽다. 보이지 않는 것이 더 아름다워야 진짜 아름다운 것이다. 여자 목소리를 가진 남성은 남자다운 기량이 부족하다. 마찬가지로 남자 같은 목소리를 지닌 여자는 여성스러운 남자를 데리고 살거나 혼자 살게 된다.

다섯째, 베풀어라.

경제적으로 힘들면 마음으로라도 베풀어야 한다. 베풀려는 마음을 가져야 재운이 좋아진다. 가만히 앉아서 받기만 하고 줄 생각이 없으면 안 된다. 누군가에게 베푸는 기운은 돌고 돌아 나에게 재물로 돌아온다. 불경에 무재칠시無財七施라는, 가진 것이 없는 사람일지라도 남에게 베풀 일곱 가지를 가지고 있다는 의미의 말이 있다. 마음만 있다면 누구나 남에게 베풀 수 있다. 다음 일곱 가지를 참고하여 베푸는 일을 실천해 보길 바란다.

1. 화안시和顏施 : 얼굴에 밝은 미소를 띠고 남을 대한다.
2. 언사시言辭施 : 친절하고 공손한 말을 한다.
3. 심시心施 : 마음의 문을 열고 어진 마음으로 대한다.
4. 안시眼施 : 호의를 담아서 상대를 따뜻한 눈길로 바라본다.
5. 신시身施 : 몸가짐을 바르게 하며 남을 도와준다.
6. 좌시床座施 : 때와 장소에 맞게 자리를 내주고 양보한다.
7. 찰시察施 : 굳이 묻지 않아도 상대의 마음을 헤아려 도와준다.

반듯한 체상은
재물운의 기본

사람들은 자신의 재물운을 가장 궁금해한다.

"코가 재백궁을 의미하니 코만 잘생기면 돈이 많은가요?"

"얼굴에서 눈이 제일 중요하니 눈빛이 좋아야 하나요?"

"살이 곧 돈이라고 하던데 살이 쪘는데도 돈이 없어요!"

모두 틀린 말은 아니다. 그러나 인테리어가 멋지고 화려해도 집을 지탱하는 기본 골조가 흔들리면 무슨 소용이 있을까?

사람도 마찬가지이다. 우리 몸을 구성하는 신체 구조가 튼튼해야 몸 안의 장기가 제자리를 잡고 건강하다. 건강해야 좋은 눈빛이 나온다. 피곤하고 병들면 눈빛이 약해진다. 정신이 약해지니 실컷 번 돈도 지키지 못하고 술술 나가게 된다.

골반은 몸의 균형을 유지하고 움직이게 만드는 지렛대 역할을 한다. 골반이 틀어지면 걸음걸이가 변한다. 골반과 대퇴골을 잇는 고관절이 틀어지면 무릎뼈에 영향을 준다. 뼈를 감싸고 있는 근막이 바깥으로 발달하고 이것이 뼈에 영향을 주어서 팔자걸음이 된다. 팔자걸음, O자형 다리, 짝다리 등은 모두 고관절이 바르지 않아서 생기는 것이다.

일반적으로 척추나 뼈들이 먼저 틀어지는 것으로 알고 있지만 해부학과 관상에 해박한 김효린이 쓴 《관상의 비밀》에 의하면, 외부에서 강한 충격을 받지 않고서는 뼈가 먼저 틀어지는 경우는 없다. 뼈를 지지하고 있는 근막 간의 힘이 불균형해지면 특정한 곳에 제한을 받는다. 걸음을 걸을 때 한쪽으로 체중이 실리면 자연스럽게 골반이 반대쪽으로 기울어지고 척추는 휘게 되는데 척추가 휘어져도 넘어지지 않는 것은 뼈를 감싸고 있는 근막 때문이다.

K 여사는 고관절에 근본 원인이 있다는 것을 모르고 비정상적으로 발달한 허벅지 바깥쪽 살을 빼기 위해 수년간 웨이트 트레이닝을 하였다. 그런데 허벅지 살이 빠지기는커녕 더 단단해지고 굵어졌다. 바지를 입으면 옆으로 튀어나온 허벅지와 처진 엉덩이 때문에 하체가 짧아 보이고 예쁘지 않았다. 걸음걸이도 약간 팔자걸음이었다. 나이를 더 먹으니 얼굴이 서서히 비대칭이 되고, 자전거를 타면 무릎이 아프기 시작했다. 그즈음 그녀는 자기 몸의 문제점을 심각하게 알아보기 시작하였고, 결국 고관절이 문제였다는 것을 알게 되었다.

K 여사는 고관절 체형 교정을 시작하고 몇 달 만에 걸음걸이가 바르게 되었고, 허벅지 바깥쪽 살이 정리되기 시작했으며, 처진 엉덩이

도 올라붙는 등의 효과를 보았다. 고관절 교정은 눈에 보이는 체형적인 개선뿐만 아니라 보이지 않는 기의 흐름을 바꾸어 놓았다.

집의 기둥이 튼튼해야 복이 온다

사람들은 억지로라도 웃어야 좋은 기운이 도니 '웃으라'고 한다. 그러나 몸이 아프면 아무리 웃어도 진짜 웃는 것이 아니다. 가짜로 웃으면 입만 웃는 형태가 된다. 진짜 웃음을 지으면 눈둘레근이 움직인다. 눈가에 주름이 지고 광대가 올라가며 두 눈이 살짝 안쪽으로 모인다. 사람이 표정이 없으면 관련 근육이 퇴화되어 나중에는 어떤 표정을 지으려고 해도 표정 짓기가 어려워진다. 몸이 경직되면 마음도 경직되고, 자연스러운 웃음이 나오지 않는다.

요즘은 컴퓨터 앞에 오래 앉아 있는 시간이 많다 보니 일자목, 거북목뿐만 아니라 어깨가 올라간 사람이 많다. 고정된 자세로 오래 앉아 있으면 횡격막이 완전히 내려오지 못해 신장과 폐의 움직임이 불균형해진다. 어깨가 올라가면 폐와 신장으로 연결된 근막이 당겨지면서 폐도 인위적으로 끌려 올라간다.

얼굴의 불균형은 몸의 불균형에서 비롯되고 몸의 불균형은 오장육부의 움직임에도 지장을 준다. '늙어서 사지만 멀쩡해도 요양원에 가지 않는다'는 말이 있다. 두 다리로 걸을 수만 있다면 요양병원에 누워 있을 일이 없다는 의미이다. 노인들이 잘 넘어져 다치는 것도 모두 고관절이 다리를 제대로 지탱해 주지 못하기 때문이다. 나이 들어 일하고 싶어도 고관절에 문제가 있으면 일을 하지 못한다. 오래 사는 것도 좋지만 건강하게 내 다리로 걸어 다닐 수 있어야 하지 않을까? 그러니 '골반이 무너지면 인생이 무너진다'는 말은 절대 과언이 아니다. 돈을 버는 것도 어렵지만 지키는 것은 더 어렵다. 돈을 벌고 지키기 위해서는 체형을 잘 관리해야 한다.

당신에게
인복이 없는 이유

"선생님, 저는 인복이 너무 없어요. 제 관상은 인복이 없게 생겼나요?"

이렇게 말하는 사람들의 얼굴을 보면 정말로 거의 대부분 인복이 부족한 생김새를 하고 있다. 사실 인복이 있는 사람은 당연히 이런 질문을 하지 않는다. 복福과 덕德. 덕은 쌓는 것이고 복은 받는 것이니 복보다는 덕이 더 중요하다. 그런데 주변을 보면 덕을 쌓지 않고서 복을 바라는 사람이 참 많다.

관상에 나타나는 대표적인 인복은 어떤 것이 있을까?

첫째, 이마가 잘생기면 부모나 윗사람복이 좋다. 얼굴의 중심에 코가 있다. 코는 자기 자신을 의미하며 자아, 주체성을 의미한다. 초년운인 이마가 좋지 않고 코와 좌우 관골이 좋으면 자수성가형이라고 해석한다. 코가 자기 자신이라면 그 위에 위치한 이마는 연장자, 직장 상사, 사장 등 나보다 나이가 많거나 지위가 높은 사람을 의미한다. 즉 주변의 후원을 입는 기운이 총체적으로 드러난 곳이 이마이다.

이마가 좋으면 부모궁이 좋아 어릴 때부터 가정 교육을 제대로 받은 사람이다. 어릴 때부터 좋은 환경에서 자란 사람은 사회로 진출해서도 윗사람을 공경할 줄 알고 신중한 사람이므로 당연히 윗사람에게서 도움을 받는다. 반면 부모궁이 좋지 않아 어려운 환경에서 자란 사람은 윗사람을 공경할 줄 모르고 말을 함부로 하거나 예의가 없다. 사회생활을 하더라도 윗사람을 제대로 대접할 줄 모른다. 윗사람복이란 것은 어느 날 뚝 떨어진 것이 아니라 어린 시절부터 몸에 배여 쌓아온 것이다.

둘째, 눈썹이 잘생기면 형제복이 있다. 눈썹을 형제궁이라고 하지만 현대 사회에서는 대인관계로 해석한다. 사회성, 친화력, 대인관계를 중점적으로 본다. 눈썹이 눈보다 길고 가지런하면 대인관계가 원만하여 주변 사람들의 혜택을 입는다. 그냥 가만히 있으면 혜택을 입는 걸까? 마음이 편안하고 안정된 사람은 인간관계가 매끄럽다. 갑자기 화를 내거나 신경질을 부리거나 감정의 기복이 심하지 않은 사람이므로 누구하고도 잘 어울리고 관계가 좋다.

눈썹털이 항상 서 있거나 거꾸로 나 있거나 눈썹 끝이 회오리처럼 돌아가 있거나 눈썹 끝이 흩어져 있는 사람은 감정 기복이 심한 사람이다. 털이 서 있다는 것은 항상 긴장하고 싸울 태세가 되어 있다는 것이다. 털이 너무 빽빽하고 끝이 상승형이면 기질적으로 참을성이 부족하고 생각보다 행동이 먼저 나가는 사람이다. 옛 양반들이 아침에 일어나서 눈썹 세수를 하는 이유는 털을 가지런히 하면서 마음을 편안하게 만들기 위해서였다. 형제간에 우애가 없다, 형제덕이 없다고 하지 말고 본인이 남에게 어떻게 대했는지를 먼저 생각해 보자.

셋째, 관골을 본다. 코는 나 자신이고, 관골이 코를 양쪽에서 잘 보좌하면 인복이 있다. 코와 관골이 조화로우면 상대방을 배려하고 챙기니 당연히 주변에 사람이 많다. 강호동, 한비야, 노무현 전 대통령 같은 사람들은 관골이 좋아 활동적이고 적극적이며 실천력이 강한 성품에 혼자 무엇을 하기보다는 함께하는 것을 좋아하므로 주변에 늘 사람이 들끓는다. 자주 웃으면 관골로 근육이 올라붙으면서 살이 붙는다. 잘 웃지 않으면 관골이 흘러내린다.

코만 높고 관골이 낮으면 내가 너무 잘나서 주변 사람들을 하찮게 보고 대하니 사람이 잘 따르지 않는다. 무슨 일을 하더라도 혼자서 하는 일이 더 잘 맞다. 연구실에 오래 있는 대학 교수들 중에는 이마는 넓고 하관은 약한 역삼각형 얼굴이 많다. 전공에 따라 다르겠지만 연구도 열심히 하고 밖으로 나가 사람 만나는 것을 즐겨하는 교수들은 관골이 좋다.

넷째, 턱을 본다. 턱에 살이 적당히 붙어 있고 각이 지지 않고 둥그스름한 형태를 하고 있으면 아랫사람복이 있다. 턱은 코를 중심으로 아래에 위치하고 있으니 나보다 나이가 어린 사람, 부하 직원, 자식, 후배 등을 의미한다. 말년인 턱이 좋다는 것은 그동안 내가 어떻게 살아 왔는지가 드러나는 것이다. 턱이야말로 내가 얼마나 많이 베풀고 살았는지 알 수 있다.

역삼각형 얼굴을 지닌 사람은 윗사람에게 잘하는데 아랫사람들을 잘 챙기지 못하는 성향이 있다. 이런 사람은 조직의 상사에게는 능력을 인정받지만 부하 직원에게는 너그럽지 않다. 이마가 좁고 하관이 넓은 형태의 삼각형 얼굴을 지닌 사람은 윗사람보다 동년배, 어린 사람들과 사이가 좋고 잘 어울린다. 이마가 좁은 편이라 공부 잘해서 전문직이나 조직생활을 하기보다는 자영업을 하거나 사업을 하는 사람이 많다. 후덕하고 아랫사람들을 잘 챙기니 따르는 사람도 많고 말년운이 좋다.

덕을 쌓아야 인복이 커진다

인복이 있는 사람들은 베풀고도 손해 본 것을 아깝게 여기지 않는다. 그러나 같은 실수를 반복하지 않기 위해 개선의 여지가 없는 사람에게는 마음의 선을 긋는다. 그런 사람은 살면서 불필요한 사람들을 자연스럽게 정리한다. 인복이 없는 사람은 조금만 손해를 보면 난리가 난다. 잘 안 베풀다가 베풀었는데 손해를 봤으니 다른 사람을 원망한다.

이마(윗사람), 눈썹(형제), 관골(동년배), 턱(아랫사람) 모두 내가 어떻게 하느냐에 따라 인복이 따른다. 타고난 관상이 아무리 좋다 하더라도 찡그리고 인상 쓰면 이마에 주름이 생기고, 성정이 불안정하면 눈썹털이 어지럽고, 잘 웃지 않고 짜증을 내면 관골이 흘러내리고, 신경이 예민하고 날카로우면 볼에 살이 붙지 않아 턱이 좋아지지 않는다.

얼굴은 내가 어떻게 사느냐에 따라 변한다. 인복도 내가 마음을 어떻게 쓰느냐에 달려 있다. 조금 부족한 점이 있더라도 마음을 바꾸면 관상은 좋아진다. 계속 움직이고 변하는 것이 운명이다. 복은 남이 주는 것이 아니라 자신이 만들어 가는 것이다.

관상으로
건강을 관리하는 방법

《마의상법》이라는 책을 집필한 마의 선생은 "부끄러운 일을 겪으면 얼굴이 붉어지고, 좋은 일이 생기면 얼굴에 생기가 넘치게 되고, 화가 나면 얼굴이 잔뜩 짜증스러워지는 것은 무형의 마음이 유형의 상으로 나타나는 것."이라 하였다. 무형의 마음이란 그 기분에 따라 변하는 오장육부의 움직임이며, 이는 얼굴뼈의 움직임에 영향을 미쳐 유형의 상으로 나타난다. 이는 시간이 흐르면서 어떤 특정한 얼굴 생김새로 만들어지는데 그것을 보고 사람의 마음을 읽을 수 있다. 얼굴의 비대 칭은 몸이 불균형하기 때문이며, 몸의 불균형은 오장육부의 움직임까지 영향을 준다.

얼굴에는 각 부위별로 연결된 장기가 있다. 눈은 간의 기운과 연결되기 때문에 눈시울이 푸르면 간이 약하다. 《황제내경》에서는 "오장육부의 정기는 모두 눈에 집중된다."고 했다. 눈의 양쪽 크기가 확연히 다른 것은 뇌혈관 질병의 가족력이 있음을 나타낸다. 위의 눈꺼풀은 폐에 속하고, 검은자위는 간에 속하며, 동공은 신장에 속하고, 양쪽 안각은 심장에 속한다. 평소에 눈곱이 많이 끼면 위열이 있다는 것을 의미한다.

코에 주름이 있으면 간이 약하다. 코는 폐, 콧구멍은 방광, 혀는 심장을 나타낸다. 얼굴 전체 윤곽이 조화를 이루려면 코의 대칭이 중요하다. 코가 곧고 바르며, 호흡이 막힘없이 원활하면 건강한 것이다. 콧방울이 얇고 말할 때 벌름거리는 사람은 성격이 급하고 쉽게 화를 내는 성격이다. 사람의 주목을 받을 만큼 양쪽 콧구멍이 큰 사람은 체질이 약하고 감기, 만성 인두염과 기관지염에 잘 걸린다. 콧구멍이 작은 사람은 호흡기 질환에 잘 걸린다.

귀는 신장과 통하는데 피곤하면 신장 기능이 떨어져 귀가 빨개지거나 뺨에 열이 나고 붉어진다. 신腎의 기운이 왕성하면 청력이 밝고 또렷하고, 신기가 허하면 청력이 탁하고 희미하다. "귀가 두껍고 단단하며 높이 솟아 긴 것은 모두 장수상이다. 귓바퀴의 모양이 뚜렷한 사람은 영민하다."는 옛말이 있다. 건강한 사람의 귀는 두툼하고 윤기가 흐르며 혈색이 좋다.

입술이 크고 힘이 없으면 비장이 약하다. 비장에 병이 생기면 입술이 누르스름해진다. 입술이 가렵고 부어오르고 건조해서 갈라지며 통증이 있으면 위의 열이 올라온 것이다. 입안이 헐거나 입가가 짓무른 것은 심장과 위의 열이 올라와 생긴 것이다. 입술 색이 옅고 윤기가 없는 것도 비장의 기능이 떨어지고 기혈이 허함을 의미한다. 그 밖에 피부색으로도 알 수 있는 것이 있는데, 피부가 희면 폐가 약하고, 반대로 검으면 신장 기능이 약하다. 여성의 경우 강한 기를 제대로 풀지 못하면 신경성 두통이나 위염, 생리불순, 갑상선질환에 시달리기 쉽다.

흔히 '안색이 좋지 않다'는 말로 상대방을 걱정한다. 얼굴이 그만큼 건강과 관련이 있다는 의미이다. 의학의 아버지 히포크라테스나 허준, 이제마 같은 의성醫聖들은 겉으로 드러나는 색을 보고 오장육부의 상태를 진단했다. 희로애락을 가진 인간은 얼굴에 모든 것이 드러나기 때문에 얼굴색이 나빠지면 건강 악화를 의심해 봐야 한다. 그러므로 건강을 위해서는 얼굴색을 살필 줄 알아야 한다. 피부가 검으면 검은 대로, 희면 흰 대로 맑은 색이 올라와야 한다. 어느 날 윤기가 사라졌다면 우선 질병을 의심해야 한다.

사람은 얼굴빛이 가장 중요하다. 얼굴빛은 건강과 마음 관리를 얼마나 잘하고 있는지를 반영하고 있기 때문이다. 여기서 얼굴빛은 희고 검은 것과는 상관이 없다. 화를 내면 위에서 산이 분비돼 비위가 상하고, 장기가 경직되어 선순환을 못 한다. 그러면 얼굴이 경직되고 얼굴빛도 어두워진다. 오장육부나 생각, 마음가짐에 따라 나타나는 얼굴빛은 그 사람의 운명을 예고하는 '일기예보'라고 할 수 있다. 오장육부 상태가 완전하지 않을 때는 얼굴의 탄력이 떨어지고 피부가 얇아진다.

얼굴에 살이 많은 사람들은 배짱이 있다. 장기가 튼튼해 어지간한 일을 당해도 얼굴빛이 나빠지지 않는다. 이런 사람은 마음에 여유가 있어 자주 웃기 때문에 얼굴 근육이 탄력 있게 자리잡는다.

얼굴색이 좋은 사람은 건강하다. 좋은 관상을 만들려고 노력하면 건강은 자연스레 따라오기 때문이다. 건강한 몸에 건강한 정신이 깃드는 것이 세상의 이치이다.

실제로 보이지 않는 마음이 얼굴로 나타나고, 그 에너지가 변화되어 재물이 들어오게 만들거나 명예가 높아지게 만든다. 오장육부의 형태는 태어나면서부터 정해져 있는 것이니 내 마음대로 바꿀 수 없으나 자신에 맞는 섭생법을 실천하거나 관리를 잘한다면 행복한 삶을 살 수 있을 것이다.

말년운을
좋게 만들고 싶다면

"젊을 때는 턱이 짧아 동안이란 소리를 많이 들어서 좋은 줄 알았어요. 예쁘면 좋은 거 아니에요? 다들 저를 부러워하거든요. 근데 인터넷에서 봤는데 턱이 짧으면 말년이 안 좋다는 얘기가 있더라고요. 자식복도 없다 하고요."

예쁘고 어려 보여 40대 중반인 지금도 남자들에게 인기는 많지만 삶이 그리 평탄치 않았던 D. 대뜸 무슨 좋은 수가 없냐고 묻는다. 그녀는 시술을 통해서 턱을 길게 만들어야 할지 고민이라고 나에게 털어놓았다.

성형을 한다고 인생이 크게 달라지지는 않는다. 성형을 하고 난 후 인생이 달라졌다는 사람은 자신의 사주에서 10년 대운이 바뀌거나 운이 좋아지는 시점에 수술을 했기 때문이다. 운이 좋을 때면 좋은 의사를 만나 수술이 성공적으로 되지만, 운이 나쁠 때는 오히려 수술이 잘못되거나 부작용이 생기기도 하니 참고하기 바란다.

성형의 결과가 좋으면 자신감이 생겨 긍정적으로 바뀌는 경우를 많이 본다. 그러나 사과나무가 배나무로 바뀌지는 않는다. 단지 거름을 많이 주고 잘 가꾸면 열매가 더 많이 열려 수확을 많이 하게 되니 복을 더 받을 수 있다. 나를 어떻게 가꾸어 변화하는지에 따라 자신의 그릇 안에서 더 잘살고 못사는지 결정 나는 것이다.

얼굴이 둥글면 여기저기 잘 옮겨 다닌다. 여기서 '옮겨 다닌다'라는 것은 물리적으로 이사를 자주 다닌다는 의미보다는 직업을 자주 바꾸거나 결혼이 한 번으로 끝나지 않거나 여러 남자를 전전할 수도 있다는 의미이다. 동그란 공은 제자리에 머무르지 않는다. 저기서 다른 남자가 당기면 딸려 가기 쉽고 한 사람만 보고 살기 힘들다. 그래서 얼굴형이 둥근 여자들이 인기가 많다.

얼굴이 네모나게 각져 있으면 어떨까? 웬만해서는 외간 남자가 유혹해도 잘 넘어가지 않는다. 즉, 가정을 끝까지 지키려는 힘이 강하다. 사각 턱인 사람은 지구력이 강하고 상대를 배신하지 않는 성향을 가졌다. 그런 사람은 자신을 쉽게 요리조리 바꾸지 못한다. 여자가 턱이 강하면 자기 주관이 너무 강해 남편이나 자식을 자기 마음대로 좌지우지하므로 오히려 결혼을 유지하기 어려운 상황이 생기기도 한다.

턱이 V라인으로 뾰족하면 일뿐만 아니라 결혼생활에도 많은 영향을 끼친다. 의지력과 지구력은 힘든 일이 있어도 끝까지 견뎌 내려고 하는 에너지이다. 뾰족한 턱을 가진 사람은 결혼생활이 힘들면 쉽게 포기할 수 있고, 감정 기복이 심하며 이기적이다. 남편이 사업일로 바쁘거나 힘들어할 때 포용해 주고 기다려 주고 기운을 북돋아 줄 수 있는 아량이 부족하다. 매사 모든 일이 수월하고 원만하게 흘러가서 남을 배려하고 베풀 수 있는 역량을 보여 주는 곳이 턱이다.

턱이 작으면 의지력이 약하고 배짱이 없는 경향을 보인다. 턱이 작은 사람은 많은 사람을 이끄는 사업이나 분야에 부적합하지만 이성적이고 생각을 많이 하는 전문 직종에서 일을 하면 능력을 발휘할 수 있다. 턱이 작다는 것은 예민하고 신경질적이며 남을 챙기고 포용하는 부분이 부족하다는 것을 의미한다. 그러나 턱이 작아도 뾰족하지 않고 둥그스름하면 원만한 성격을 가지고 있으니 그런 사람은 그릇은 작지만 원만한 인간관계를 형성할 수 있다.

나이가 들면서 아랫사람이 늘어나고 자식이 성장하며 부동산도 늘어나기 시작한다. 이때가 되면 턱 부위의 살집이 두터워진다. 비만으로 부은 듯 찐 살이 아니고 탄력 있는 모양새가 되어야 한다.

자신을 믿고 타고난 역량을 최대한 살려라

D는 한 번의 이혼을 겪었고 현재 만나는 남자도 여럿 있다고 한다. 결혼생활보다 싱글인 지금이 더 행복하단다. 이혼이 꼭 불행만을 의미하는 것은 아니다. 남자 때문에 불행한 결혼생활을 하느니 혼자 살아서 더 행복한 사람도 있다. 상대적 가치관이 다르므로 나의 잣대로만

타인을 평가하려고 하지 말자. 주류에 포함되지 않는다고 불행한 것은 아니다. D는 자신이 어떤 사람이고 어떻게 살아왔는지 다른 누구보다 잘 알고 있으므로 앞으로 재혼을 할 생각은 없다고 한다.

턱이 짧은 60대 초반 남성 K는 모아 놓은 재산이 꽤 있다. 그는 가만히 있지 못하고 끊임없이 몸을 움직이고 산다. 딸이 경영하는 유치원 버스 운전기사를 자처해서 운행을 하며 부지런히 산다. 그는 자기 얼굴에 맞게 살고 있는 것이다. 가만히 주는 밥만 먹고 있기에는 몸이 근질근질하고 답답하다고 한다. K처럼 자기 성격대로 사는 것이 편안한 삶이 아닐까?

살면서 얼굴이 변한다고 하지만 골격, 뼈의 길이와 두께, 기본적인 근육은 태어날 때부터 어느 정도 정해진 것이어서 변하지 않는다. 그러나 기색이나 근육은 시시각각 변한다. 볼에 살이 통통하고 편안해 보이는 상이라도 사업이 망하거나 삶의 기복이 심해지면 얼굴 근육과 살이 빠지면서 관자놀이와 볼살, 관골 등이 푹푹 파여 보이고 빈상貧相으로 변하게 된다.

운의 기운은 자기 자신이다. 그 연령대에 해당하는 부위가 나쁘더라도 좋다고 말해 주면 별 탈 없이 지나가고, 나쁘다고 하면 위기가 닥친다. 심리적으로 자기가 믿는 대로 되기 때문이다.

그 나이가 되었을 때 기색이 가장 중요하다. 운이 좋을 때 더 많이 노력해야 많은 것이 돌아온다. 사람의 관상은 주위에 있는 사람에 따라서도 변하기도 한다. 꼴 보기 싫은 배우자와 오래 살면 피폐한 상으로 변한다. 주변에 있는 에너지에 따라 얼굴에 나타나는 기운이 바뀌기도 하는 것이다.

　고전 관상서에 나온 그대로 적용하면 지금 시대의 사고방식이나 생활에는 잘 맞지 않는 부분이 많다. 그러므로 융통성 있는 해석이 필요하다. 발상을 전환하여 나에게 유리하게 해석하면 불행의 씨앗은 자라지 않는다. 괜히 어설프게 단편적으로 관상을 배우면 그 해석에 따라 지옥과 천당을 오갈 수도 있다.

팔자 주름,
없애지 마세요

"선생님, 저는 팔자 주름이 너무 진해요. 이것만 없애도 10년은 젊어 보일 텐데요. 귀족수술을 할까요? 필러를 좀 넣어 볼까요?"

40대 초반의 J는 외모에 관심이 많은 사람이다. 뷰티 관련업에 종사하고 있기 때문에 그녀에게 팔자 주름은 고민이 되지 않을 수 없다. 젊어 보여야 고객들에게 제품을 어필할 수 있기 때문이리라. 그녀는 일을 혼자 하는 것이 아니라 직원을 열댓 명 정도 거느리고 있고, 모아 놓은 재산도 꽤 있다. 팔자 주름은 직원 관리와 재산 관리에 필요한 선이기 때문에 그대로 두라고 조언해 주었다. 자기 얼굴에 있는 팔자 주름을 보기 싫어하는 사람들에게 법령선이 왜 생기고 어떤 역할을 하는지 찬찬히 설명해 주면 다들 수긍한다. 그 선이 그리 중요한 선이냐고 입을 다물지 못하는 J는 절대로 수술하지 않겠다고 다짐을 하였다.

50대 여성들의 가장 큰 고민은 팔자 주름이다. 이것이 진해지면 얼굴이 쳐져 보이면서 생기가 없어지고 늙어 보이기 때문이다. 이런 고민을 하는 여성분들을 볼 때면 같은 여자로서 너무 공감이 가기 때문에 웃프다. 팔자 주름에 긍정적인 부분이 더 많은 것을 알고 있는 나도 거울을 볼 때 진해지는 팔자 주름에 신경이 쓰인다. 잘사느냐, 어려 보이고 젊어 보이게 사느냐. 관상학을 공부하면 이 부분에서 많은 갈등이 생긴다. 본능적으로 여자로서의 마음이 우선하기 때문이다. 김태희처럼 예쁘기도 하고 관상까지 좋기가 쉽지 않다.

턱이 후덕하면 관상학적으로는 매우 좋은데 요즘 시대는 얼굴이 갸름한 스타일을 좋아하므로 시골을 없애는 데 주력한다. 눈이 너무 크고 동그라면 관상학적으로 좋지 않다는 것을 알고 있지만 예쁘게 보이고 싶어서 눈수술을 여러 번 하기도 한다. 코의 양쪽 콧구멍은 현금 창고나 다름없는데 그것이 보기 싫다고 코끝을 올리는 수술로 콧방울을 없애 버린다. 가늘고 살이 없는 날씬한 다리를 선호하지만 실은 다리는 말년을 의미하는 부위이므로 튼튼하고 실해야 좋다.

예쁜 것과 관상이 좋은 것은 다르다. 어릴 때 매우 예쁘다고 소문난 여고 동창치고 말년까지 그 행복을 누리는 경우는 거의 없다. '미인박명'美人薄命이라는 말은 그냥 내려온 말이 아니다. '화무십일홍'花無十日紅, 일찍 핀 꽃은 남보다 빨리 시든다. 턱이 후덕하고 하체가 튼실한 친구가 어릴 때는 인기가 많지 않았지만 말년에 보란 듯이 잘사는 경우가 많다.

법령선이 진하면 주관이 뚜렷하고 소신 있게 행동하는 사람이다. 법령선이 흐리면 자기 원칙이 확실하지 않은 사람이므로 타인의 말을 잘 받아 들이나 줏대가 약하다.

50대가 되어도 그렇다면 어떻게 될까? 한마디로 철이 없다. 철부지 라는 말이다. 계절을 뜻하는 '철'과 알지 못한다는 한자어인 '부지'不知 가 합쳐서 된 말이 철부지이다. 철부지는 옳고 그름을 헤아릴 줄 모르 는 어린애 같은 사람을 가리킨다. '철'이란 계절의 변화를 가리키는 말인데 씨를 뿌릴 때가 언제이고 수확할 때가 언제인지를 아는 '지혜' 가 없다는 말이다. 이런 사람은 살아온 연륜이 있어 말은 청산유수이 나 지혜가 부족하여 어떤 일을 시작해도 그 결과가 좋지 않다. 한 가 지 일을 꾸준하게 하지 못하고 직업 변동이 잦다. 새로운 것에 관심이 많아 일을 자주 바꾼다. 단순한 사고를 하므로 머리를 써서 깊게 생각 하고 분석하는 분야에는 어울리지 않는다.

'철'에 맞는 관상도 중요하다

젊은 나이임에도 흰머리가 한곳에만 나면 부모님 중 한 분이 돌아가 실 징조이다. 부모님이 늙도록 흰머리가 안 나면 자식이 잘 풀리지 않 는다. 흰머리가 많다가 늙어서 갑자기 검은 머리카락이 마구 자라는 것도 마찬가지이다. 우리 인생은 봄, 여름, 가을, 겨울의 단계를 거친 다. 봄에 나와 여름에 성장하여 가을이 되면 어느 정도 철이 들고 여물어진다. 부모라는 큰 나무가 시간이 지나면 단풍이 지고 잎이 지는 것은 당연한데, 가을이 되어도 잎이 푸르고 왕성하니 그 밑에 있는 작은 나무가 잘 자라지 못하는 이치와 같다. 무엇이든 자연의 법칙이 작용한다.

늙으면 흰머리가 나고 나이가 들면 법령선이 생기는 것은 자연스러운 일이다. 자연을 거스르고 늙어서 억지로 법령선을 없애 버리면 그에 따른 부작용이 생긴다. 젊어 보이는 것은 좋으나 그에 합당한 권위가 없다. 기업의 대표라면 부하 직원들이, 한 집안의 어른이라면 자식들이 부모 말을 우습게 안다.

"우리 사장님은 아이처럼 철이 없어."

"엄마나 잘하세요."

부모가 생각 없이 카드를 쓰거나 아이 같은 행동을 하는 경우 자녀들이 오히려 부모를 자식처럼 관리하고 돌봐야 하는 상황이 생긴다.

60세 정도 되면 법령선이 생겨야 좋다. 각종 시술과 수술로 40대 여성이 20대로 보일 정도로 젊어진다고 치자. 그녀의 20대 시절이 어려웠으면 40대에 다시 어려워진다. 거울을 보면 자신이 20대처럼 보여 착각하고 그 당시의 기분대로 행동한다. 철이 없으면 철없는 행동을 하고 건강을 잃을 수도 있다. 40대가 20대의 얼굴로 성형을 하면 돈과 자식이 없는 시절로 돌아간 거나 마찬가지이므로 자식과 같이 살지 못하게 된다. 20대에는 자식이 없었으니 그래야 균형과 조화가 맞다.

눈썹 문신,
요즘 많이 하시죠?

S는 성형외과에서 반영구 문신 디자이너로 일하고 있다. 뷰티 관련업이나 관상은 시각적으로 보이는 부분을 다룬다는 점에서 일맥상통하는 부분이 있다. 관상도 알고 보면 몸에 관한 연구이다. 뷰티에 관심이 많은 사람은 관상학을 매우 재미있게 받아들인다. 원래 관심이 있는 데다 기본 원리를 배우면 자신의 분야에 적용하는 속도도 남다르게 빠르다. 그녀는 관상학을 운명을 점치는 정도로만 알았는데 막상 배워 보니 반영구 눈썹 문신 디자인에 적용할 수 있어서 매우 도움이 된다고 말했다.

S는 관상 성형 열풍이 불면서 병원을 방문하는 고객들이 간혹 반영구 눈썹 문신을 하는 게 관상학적으로 좋은지 물어보기 때문에 관상학을 잘 배운 것 같다고 한다. 이왕이면 관상학적으로 좋고 그 사람에

게 잘 어울리는 눈썹을 디자인해 주면 금상첨화일 것이다. 관상에 별 관심이 없는 사람이라도 얼굴에 뭔가 시술(수술)을 할 때는 이왕이면 운이 좋아지는 쪽으로 하고 싶은 것이 인지상정이다. 그녀의 눈썹 디자인 솜씨 또한 특출나지만 '관상학적으로 좋은 눈썹'이라는 말 자체만으로도 고객을 기분 좋게 만드는 힘이 되지 않을까?

눈썹이 가진 중요한 기능 중의 하나는 감정을 표현하는 것이다. 놀람, 분노, 즐거움 등 우리가 즉시 알아차릴 수 있는 수많은 메시지를 전달하는 데 도움을 준다. 눈썹이 없다면 많은 표정들이 거의 비슷하게 보인다. 사람들은 눈썹을 치켜세우거나 내리는 것으로 놀람이나 기쁜 감정을 전달한다. 이완을 담당하는 부교감신경이 작용하면 눈썹꼬리가 내려가고, 긴장을 담당하는 교감신경이 작용하면 눈썹꼬리가 올라간다. 우리가 교감신경과 부교감신경을 얼마나 자주 쓰느냐에 따라 눈썹에 관여하는 근육에 의해 눈썹이 짝짝이가 되기도 하고 내려가기도 한다.

눈썹꼬리가 올라가 있으면(상승형) 적극적이고 활동적이며 리더십과 추진력이 강한 성향을 보이고, 눈썹꼬리가 내려가 있으면(처진형) 부드럽고 온순하며 편안한 성격을 지녔다고 유추할 수 있다. 또한 모나지 않고 구부러진 곡선(아치형)은 부드럽고 유연함을, 곧게 뻗은 직선(일자형)은 시종 동일한 방향의 선으로 안정감을, 어떤 압력에 의해 휘어진 모양(각진형)은 날카로움을 나타낸다. 이처럼 눈썹 모양을 통해서 그 사람의 성향을 감지할 수 있다.(김태연, 〈얼굴 이미지와 직업적 성격유형에 따른 직무 적합성 탐색〉, 2018)

대인관계를 좋게 만드는 눈썹

표준형 눈썹은 눈썹앞머리가 콧방울에서 수직으로 올렸을 때 만나는 곳에 위치해 있고, 눈썹산은 눈썹 전체 길이의 3분의 2 지점에 위치해 있다. 눈썹꼬리는 콧방울과 눈꼬리를 45도로 연결했을 때 만나는 지점에 위치해 있으며 끝으로 갈수록 가늘어진다. 눈썹꼬리의 높이는 일반적으로 눈썹앞머리 아랫부분과 동일선상에 위치하거나 눈썹앞머리보다 조금 위에 위치하는 것이 이상적이다.(강근영, 〈여성의 메이크업과 얼굴의 부분별 형태가 인상 형성에 미치는 영향〉, 2011)

눈썹을 그릴 때 끝을 누에 궁둥이처럼 그리는 것이 좋다. 칼처럼 날카롭게 그리면 처첩궁을 치므로 좋지 않다. 날카로운 칼을 처첩궁(배우자)에 들이대고 있는 모양새가 되므로 눈썹 끝은 날카롭지 않게 그려야 한다.

눈썹은 형제궁, 보수관(수명, 건강), 대인관계, 사회성, 교우성을 나타내므로 요즘은 여성뿐만 아니라 남성들도 눈썹 문신을 많이 한다. 눈썹이 흐린 채로 있는 것보다 그리는 것이 더 낫다. 그럴싸하면 그럴듯하게 대접받는다. 눈썹을 그리면 에너지가 있어 보인다. 홍준표, 이휘재 등 유명 인사들이 눈썹 문신을 하는 이유는 눈썹이 이미지에 큰 영향을 미치기 때문이다.

중국 드라마를 보더라도 문인, 무인에 따라 눈썹 형태가 다르다는 것을 알 수 있다. 연극 분장에서도 눈썹으로 그 사람의 성정이나 기질을 표현한다. 만화 주인공 짱구 눈썹을 보면 융통성이 없고 기질이 강하며 말이 안 통하는 꼴통(?)의 형태를 가지고 있다. 만화 캐릭터에도 눈썹에 따라 얼마나 많은 표정을 나타낼 수 있는가?

얼굴에다 문신을 하는 것은 운을 받아들이기 위한 일종의 벽사辟邪 주술이다. 호랑이가 벽사의 기운을 의미하듯이 사람의 얼굴에 눈썹을 그리는 것은 일종의 대인관계를 좋게 하기 위해서이다. 눈썹 문신을 할 때 이왕 관상학적으로 좋은 눈썹이면 더욱 좋은 운을 부르지 않을까?

성형을
고민하고 있다면

성형을 고려하는 사람이라면 한 번쯤은 다음과 같이 고민해 보았거나 검색을 해봤을 것이다. 내가 이렇게 성형을 하면 관상학적으로 좋을까? 안 좋을까? 내가 가진 복이 줄어들지 않을까? 성형을 하면 운이 좋아질까?

40대 중반의 여성 K는 어릴 때부터 사각 턱 때문에 외모에 콤플렉스가 많았다. 보톡스로 턱의 시골 부분을 맞아 각진 턱을 완화시켰지만 성에 차지 않았다. 갸름한 얼굴이 너무 부러운 나머지 20대부터 가졌던 소망을 40대 중반이 되어서 실현시켰다. 양악수술을 감행한 것이다. 죽다가 살아났다는 그녀는 거울을 볼 때마다 위안이 되었지만 씹는 힘도 약해지고 밤에 잠도 제대로 못 잔다고 하소연하였다. 수술의 휴우증뿐만 아니라 관상학적으로 안 좋다는 말에 양악수술을 한 것이 더욱 후회가 된다고 하였다.

양악수술로 한 번 끊긴 근섬유와 신경은 되돌릴 수 없다. 턱은 지구력, 끈기,

인내력을 나타내는 데 턱이 약하면 이러한 역량이 부족해지는 것이다. 양악수술은 우리 신체 에너지를 많이 떨어뜨리는 수술 중 하나이다. 치아교정만 하더라도 교정 후 교합력이 전과 똑같지는 않다. 하물며 턱은 어떨까? 한턱내기도 어려울 만큼 말년이 힘들어질 수 있다. 무언가 끝까지 해내는 에너지가 떨어진다는 것은 인생의 여러 부분에서 작용하기 때문이다.

30대 후반의 여성 L은 미혼이지만 이혼 경력이 있는 아이 둘 있는 남자와 결혼하였다. 그 후 아이 두 명을 더 낳아 네 명의 아이를 키우고 있는 와중에 남편이 외도를 하였다. 이혼을 하고 떨어져 살다가 아이들 때문에 다시 합가하였다고 한다. 그녀는 결혼할 때 쌍꺼풀수술을 했는데, 이혼했을 때 눈이 마음에 안 들어 또다시 쌍꺼풀수술을 했다.

지인을 만나러 간 자리에 동석하게 된 그녀의 얼굴을 보니 이상해 보였다. 그녀는 두 번째 코수술을 하려고 하는데 관상학적으로 어떨지 궁금해했다. 두 번의 성형수술로 눈썹과 눈 사이가 딱 붙어서 눈두덩이(전택궁)가 너무 좁아졌고, 눈과 눈 사이인 산근은 이마와 코의 높이만큼이나 높아져 있었다. 일명 콧대 높은 여자가 되어 있었는데, 이번에는 순정만화 여주인공처럼 코끝을 살짝 높이고 싶다고 했다.

나는 이목구비의 조화가 중요하니 그 점에 유의해 결정하라고 조언했다. 하지만 그녀는 또다시 수술을 감행했고 상황은 크게 달라지지 않았다고 한다.

관상 성형이란

50대 초반의 여성 B를 만났을 무렵 그녀는 보기 드물게 화나고 짜증스러운 얼굴을 하고 있었다. 이마에 일각과 월각이 발달하였고, 눈꼬리는 처져 있었으며, 볼에는 살이 없어 각진 턱이 더 두드러져 보였다. 말할 때마다 미간을 찡그리는 버릇이 있었고, 불만족스러운 입 모양 등 얼굴 근육이 모두 부정적인 에너지로 가득 차 있었다.

관상학을 가르치는 내내 이분이 과연 변화할 수 있을지 의심스러웠다. 관상 수업의 궁극적 목표는 남의 얼굴을 읽고 해석하는 것보다 나 자신을 알고 타인을 이해하는 마음 관리의 도구가 되기를 바라는 것인데, 그녀가 어떻게 받아들일지 궁금하였다. 3년이 지난 지금, 그녀는 성형수술을 한 것보다 훨씬 더 예뻐지고 자연스럽게 좋은 관상이 되었다. 찡그리던 모습은 오간 데 없고 늘 웃는 얼굴로 변했으며, 볼살이 붙어 턱이 둥그스름하게 되면서 각진 턱이 없어지고, 입은 양끝이 올라가 긍정적인 얼굴 근육을 많이 쓰는 사람으로 변했다. 그녀는 마음을 성형하였다. 진정한 관상 성형은 마음 성형이라는 것을 보여 주었다.

돈을 부르고 운을 부르는 관상 성형은 부족한 것을 보완하여 균형과 조화를 이루도록 만드는 것이다. 성형을 한다고 인생이 바뀌는 것은 아니지만 자신의 그릇 안에 있는 복은 누릴 수 있다. 사람이 타고난 그릇의 100퍼센트를 모두 찾아 먹고 살지는 않으므로 균형 있는 관상을 만들어 좀 더 운을 좋게 하자는 것이다. 단순히 호감 가고 예쁘고 잘생긴 외모보다는 호감을 주면서도 운이 따르는 얼굴로 성형하는 것이 좋다.

한국무용을 전공한 J는 대학 시절 이마에 보형물을 넣는 성형수술을 하였다. 원래 이마가 꺼지고 좁아 쪽진 머리를 하면 이마가 예쁘지 않아서였다. 그때는 한국무용을 하는 사람들 사이에 이 수술이 유행이었다고 한다. 이마는 남편복을 의미한다. 이마가 잘생기고 좋으면 배우자운이 좋아 경제적, 사회적으로 괜찮은 남자를 만난다. 그녀는 중매를 통해 집안 좋은 남자와 결혼을 하였다. 그런데 남편은 겉모습만 그럴듯한 사람이었다. 그저 부모의 배경만 있고 딱히 직업도 없고, 할 줄 아는 것이 없는 사람이었다. 자기가 쓸 돈이라도 벌어야 했기에 할 수 없이 J는 기간제 교사를 시작하였다. 그럴듯해 보이면 그럴듯하게 살긴 한다. 본질은 변하기 쉽지 않은가 보다.

균형과 조화를 따져라

비록 부자는 아니지만 외모를 잘 가꿔 사모님 소리를 듣는 것을 보면 사람은 그럴듯하게 보이면 그럴듯하게 대접받는다. 값진 선물이 아니더라도 정성들여 예쁘게 포장하면 좋아 보인다. 털이 엉켜 엉망인 강아지보다 미용을 정성스레 한 강아지가 더 사랑받는다. 관상 성형도 마찬가지이다. 조금 모양이 안 좋은 것을 좋게 보완하는 것이다. 보기 좋은 떡이 먹기도 좋은 것처럼.

좋은 것을 나쁘게 만들면 그 영향이 빨리 나타나고, 안 좋은 것을 좋게 만들면 효과가 느리게 나타난다. 머리카락과 털을 정리하는 것만으로도 관상 성형에 도움이 된다. 이마에 잔털이 덮여 이마 색이 어두워지면 부모복, 윗사람복과 초년운인 학업운, 합격운, 직업운 등이 매끄럽지 않고 기복이 많다. 잔털만 제거해도 이마가 훤하게 보이고 운기도 좋아진다.

눈썹과 눈썹 사이인 명궁에 털이 나 있으면 제거해 주는 것이 좋다. 명궁은 복과 운이 들어오는 결정적인 곳이다. 얼굴의 색도 이 지점을 중심으로 밝아진다. 여기에 털이 나 있으면 말 그대로 미련眉連 한 사람이다. 미간이 좁으면 마음이 좁고 소심하고 소극적이다. 내가 받아들이고 싶은 것만 받아들인다. 운기가 들어오는 길목이 좁기 때문이다. 이곳은 손가락 두 개 정도 들어갈 간격이 있어야 하는데 털이 가로막고 있으면 답답해 보인다.

무엇이든 지나친 것은 모자란 것보다 못하다. 속눈썹을 너무 길게 붙이면 남녀궁에 그늘이 지게 되므로 오히려 좋지 않다. 또 길고 짙게 컬을 많이 주어 속눈썹이 이마를 향하면 남편을 극尅 하는 에너지가 나온다. 코털이 과하게 자라 콧구멍 밖으로 삐져나오는 것도 좋지 않으므로 뽑지 말고 잘라 주어야 한다. 남자가 수염이 나지 않으면 호르몬의 불균형이 생긴 것이니 정상이 아니다. 털이 나야 할 곳에는 털이 나야 하고, 있어야 할 곳에는 있어야 한다.

발제(헤어라인)는 가지런해야 한다. 들쑥날쑥 지그재그로 난 것은 초년운에 영향을 미친다. 이마의 양쪽 가장자리인 천창天倉에 머리카락이 나 있으면 선천적으로 받을 재복이 적다. 이 부분을 가지런히 제거해 주면 두뇌 활동이 좋아지고 생각 정리가 잘된다. 어른들이 머리카락으로 이마를 가리는 것을 좋아하지 않는 것은 다 이유가 있다.

마음이 변해야 한다

치아교정은 운을 가장 좋게 하는 관상 성형 중 하나이다. 치아는 신체 에너지의 근간이 되는 요소이다. 치아가 크고 길며 빽빽하게 들어차 있으면 기질이 강해 보인다. 반면 치아가 자잘하고 잇몸이 보이면 아무리 덩치가 크더라도 만만해 보인다. 게다가 이까지 빠져 빈틈이 많이 보이면 기운이 다 새어 나간다. 치아는 비어 있거나 틈이 있는 것이 가장 안 좋고, 불규칙한 치열은 교정해 주는 것이 좋다. 한 곳이 틀어지면 세월이 갈수록 더 틀어진다. 이가 가지런히 잘 받치고 있어야 턱도 튼튼해 말년의 기운이 좋으므로 되도록 발치교정은 피하는 것이 좋다.

영화 〈웰컴 투 동막골〉의 강혜정은 치아교정(발치교정)을 한 후에도 여전히 아름답다. 그러나 그녀만의 독특한 개성과 기세가 사라져 버렸다. 기세가 사라지면 평범해진다.

뭐니 뭐니 해도 관상 성형의 핵심은 마음 성형이다. 굳이 수술을 하지 않아도 긍정적인 마음을 가지면 표정 근육이 얼굴을 예쁘게 만들어 주며, 얼굴에 환한 기색이 맴돌며 윤기가 생긴다. 얼굴색은 마음의 색이다. 완벽하게 예쁜 얼굴이라도 기색이 어둡고 칙칙하면 절대 아름답게 느껴지지 않는다.

아무리 조화롭게 성형을 해도 마음이 변하지 않으면 얼굴은 다시 미워진다.

부정적인 감정을 많이 쓰면 이마 주름, 미간 주름이 잘 생기고 입꼬리가 밑으로 처진다. 리프팅 시술을 아무리 해봤자 화를 자주 내고 불평불만이 많으면 금방 원래대로 돌아간다. 수술(시술)을 한 후에도 긍정적인 감정을 많이 써야 근육이 예쁘게 자리잡는다.

좋은 관상을 만드는 법

컴퓨터에 비유하자면 하드웨어는 우리 몸, 하드웨어를 활용하기 위한 각종 프로그램인 소프트웨어는 마음으로 볼 수 있다. 컴퓨터를 최고 효율로 사용하기 위해서는 컴퓨터를 운용하는 프로그램과 데이터베이스(마음)가 매우 중요하다.

우리는 태어나면서부터 부모, 형제 그리고 주변 사람들과 다양한 환경 속에서 성장하면서 수많은 정보를 입력하고 업데이트한다. 어떤 정보가 입력되느냐에 따라 삶의 방향성이 달라진다. 수많은 세포로 구성된 우리 몸을 운용하는 것은 소프트웨어인 우리 마음이다. 결국 좋은 삶을 위해서는 프로그램을 지속적으로 업데이트하면서 컴퓨터로 다양한 기능을 수행할 수 있도록 확장시키는 마음 수양이 필요하다.

일상에서 수많은 생각에 노출되기 때문에 좋은 관상을 위한 마음 관리는 생각보다 쉽지가 않다. 최근 명상, 요가, 참선, 단전호흡 등이 마음의 긴장을 푸는 데 도움이 된다며 관심을 받고 있지만, 바쁜 현대인의 입장에서는 고요히 자신과 마주 앉기가 쉽지 않다. 그렇다면 좋은 관상을 만들기 위해 마음을 변화시키려면 구체적으로 어떻게 하면 좋을까?

첫째, 표정과 자세에 신경을 써라. 보이지 않는 무형의 마음을 바꾸기가 힘들면 밖으로 드러난 형상으로 마음을 변화시키면 된다. 때로는 이 방법이 더 쉬울 수도 있다. 찡그린 얼굴은 부정적인 마음이 드러난 결과이다. 미간의 주름은 부정적인 감정을 많이 쓸 때 생긴다. 그러니 미간을 찌푸릴 때마다 마음을 고쳐먹자.

둘째, 피부를 잘 가꾸어라. 피부 상태가 좋다는 것은 정신적, 육체적 상태가 원만하다는 것을 의미한다. 우리 피부는 오장육부의 상태가 그대로 드러나는 곳이다. 피부가 두꺼우면 오장육부가 튼튼해 외부 환경 적응력이 뛰어나 사회생활을 잘한다. 말 그대로 낯 두꺼운 사람이어서 어디 가든 잘 적응한다. 반면 피부가 얇으면 신경이 예민한 사람이어서 많은 사람들 앞에 나서는 것을 꺼려 하고 스트레스를 잘 받는다. 스트레스를 많이 받으면 피부가 얇아진다. 화가 나면 심장이 열을 받아 얼굴이 벌게지고, 긴장하고 마음을 졸이는 생활이 지속되면 상태가 나빠진다. 폐가 좋지 않으면 얼굴이 하얗게 변하고, 신장이 좋지 못하면 흑빛이 된다. 제대로 못 먹으면 누렇게 뜬다. 장 기능이 좋지 않으면 각종 트러블이 생긴다.

아무리 돈이 많아도 마음이 편안하지 않으면 기색이 좋지 않다. 하기 싫은 일을 억지로 해도 기색이 좋지 않다. 자기가 하고 싶은 일을 즐겁게 하는 사람은 기색이 좋다. 상을 변화시키는 것은 기색과 기세 氣勢이다. 기색이 좋아야 기세가 생긴다. 피부가 좋지 않다는 것은 섭식 상태, 수면 상태, 건강 상태, 마음 상태가 좋지 않다는 것이니, 피부 개선을 통해 운명의 개선을 꾀할 수 있다.

셋째, 패션을 바꾸어 보아라. 자신의 옷장을 열어 보면 패턴이 보일 것이다. 지금까지 자신이 선호하던 스타일을 바꾼다는 것은 참으로 어색하고 이상하겠지만 새로운 스타일을 시도해 보는 것 그 자체가 소프트웨어(마음)의 운용을 바꾸어 보겠다는 의지의 시작이다. 정장, 세미정장처럼 딱딱 떨어지는 옷을 좋아하는 사람은 매사 모든 일이 정리정돈 잘되어 있어야 하고 대인관계나 일 처리 방식도 비슷한 유형일 것이다. 조금 부드럽고 유연한 사고를 하고 싶다면 옷 스타일을 한 번 바꾸어 보는 것도 좋다. 아무렇게나 입고 다니는 사람은 별 목표도 없이 아무렇게나 사는 사람이다. 산발머리, 쑥대머리를 하고 다니는 사람의 정신 상태와 같다.

넷째, 이도 저도 힘들다면 이사를 해라. 즉 살고 있는 환경을 바꾸는 것도 좋은 방법이다. 일상에서 자신의 염원을 지속해 나가기가 쉽지 않고 자기 의지에 따라 부정적인 마음, 긍정적인 마음을 통제하기가 어렵다면 나를 둘러싼 환경을 바꾸어 보는 것이다. 정말 꼴 보기 싫은 사람이 있는데 마음을 바꾸기가 쉽지 않다면 안 보면 된다. 안 보는 방법을 찾으면 된다.

관상을 좋게 하는 방법은 멀리 있지 않다. 몸이 먼저이다. 건강한 몸에 건전한 정신이 깃든다. 정신력을 강하게 하고, 한곳에 마음을 집중하는 습관은 그러한 과정에서 저절로 생겨나 자신을 단단하게 만들어 줄 것이다. 지식이나 영혼도 건강한 몸 안에 있을 때 가치를 발하는 법이다.

한눈에 알아보는 관상법

◆ 얼굴형

얼굴형	설명	특징
목형 (역삼각형)	이마가 넓고 양턱의 선이 좁아 머리에서 턱 쪽으로 내려올수록 얼굴이 점점 좁아지는 형태이다. 이마의 가로 넓이가 턱의 넓이보다 넓은 형태를 가진다.	사고력이 좋은, 두뇌 회전이 좋은, 정신력이 강한, 이성적인, 지적인, 냉철한, 분석적인, 계획성 있는, 호기심이 많은, 창조적인, 섬세한, 신경이 예민한, 체력이 약한, 지구력이 다소 약한, 사교성이 부족한
화형 (삼각형)	이마가 좁고 양쪽 턱선이 넓은 형으로 볼에 살이 많거나 턱뼈가 튀어나온 형태이다.	의지력과 지구력이 강한, 자립심이 강한, 현실적인, 행동력 있는, 지도력 있는, 고집스러운, 활동적인, 성실한, 명랑한, 소박한, 사고력이 부족한, 행동중심적인, 창의력이 부족한
토형 (마름모형)	좁은 이마, 높고 불거진 광대뼈, 좁고 뾰족한 턱을 가진 얼굴형을 말한다.	실행력 있는, 자존심이 강한, 아집이 강한, 고집 있는, 자기중심적인, 보수적인, 단순한, 활동적인, 명예욕이 강한, 의지력이 강한, 근면한, 비사교적인
금형 (사각형)	뼈대가 굵고 얼굴의 폭과 길이가 거의 같다. 이마가 넓고 네모난 턱을 가지고 있다.	지구력과 추진력이 좋은, 두뇌 회전이 빠른, 의지가 강한, 의리 있는, 강직한, 성실한, 활동적인, 적극적인, 남에게 지기 싫어하는, 완고한, 고집이 센, 빈틈없는, 꼼꼼한, 과감한
수형 (둥근형)	광대뼈부터 턱까지 전체적으로 둥글둥글한 얼굴형이다. 볼과 턱선이 넓고 헤어라인이 둥글며 얼굴이 전체적으로 짧다.	원만한, 낙천적인, 감정적인, 현실적인, 사교적인, 쾌활한, 감정적인, 활동적인, 정이 많은, 친절한, 변덕스러운, 싫증을 잘 내는, 적응력이 뛰어난

◆ 삼정

삼정	시기	구분	설명
상정	초년 15~30세	머리털 있는 이마에서 눈썹까지	하늘을 상징한다. 초년운을 좌우하고 출신 성분, 성장환경, 부모, 학문, 관록, 유산, 역마, 지적능력, 사고력, 이해력, 상상력, 논리력, 부모와 윗사람의 덕을 알 수 있다.
중정	중년 31~50세	눈썹에서 코끝까지	사람을 상징한다. 눈과 코가 있는 중정은 개인의 정체성이 잘 드러나는 곳으로 중년운, 나의 능력, 명예, 동료, 친구, 의지력, 결단력, 실행력, 적극성 등을 알 수 있다. 중정이 좋으면 주변 사람들의 인덕이 많다.
하정	말년 51세~	코끝에서 턱 밑까지	땅을 상징한다. 말년운, 자녀, 부하, 아랫사람, 부동산, 인내력, 지구력, 의지력, 끈기, 의리, 스태미나 등을 주관하는 곳이다. 하정이 좋으면 자녀와 아랫사람의 덕이 많다.

12궁	의미	설명
관록궁	입신출세의 운과 직업운	그 사람의 사회적 지위, 출세운, 직업과 사업의 성공 여부를 판단한다. 이마 한가운데가 넓고 훤하며 혈색이 좋고 윤택하면 명예를 얻고 지위가 높아진다.
부모궁	부모덕의 유무와 인연	관록궁의 양쪽에 위치한 일각(부친)과 월각(모친)을 말한다. 남자는 좌측이 일각, 우측이 월각이고 여자는 반대로 본다. 부모의 혜택이나 인연을 보는 곳이다.
복덕궁	선천적인 복과 덕	둥그스름하고 두터우면서 밝고 윤기가 흐르면 타고난 복도 두텁다. 현대는 사회적인 번영과 재물운에도 관여한다.
천이궁	이동수	밝고 깨끗하고 도톰하게 살이 붙어 풍만하고 뼈가 들어가 있지 않으면 다른 곳으로 이동하더라도 승승장구한다. 외교적인 일, 여행, 무역, 세일즈, 영업 등 움직이는 일이 많다.
명궁	전반적인 운세	명궁은 사람의 정신적 기운이 모이는 곳으로 색깔이 맑고 밝으며 윤택한 모양을 좋은 것으로 본다. 잔주름, 잔털, 흉터 등 상태가 좋지 않으면 성공과 실패를 반복하게 된다.
형제궁	형제자매와의 우애, 대인관계	눈썹은 그 사람의 능력, 의지, 지능 그리고 이성과의 소통, 교제 능력을 상징한다. 현대는 대인관계, 사교성을 많이 본다. 눈썹은 눈보다 길고 털이 밝고 윤기가 있어야 좋다.

전택궁	부동산, 상속, 건강	눈과 눈썹 사이의 폭이 넓으며 꺼지지 않아야 좋다. 전태궁이 넓으면 정신적 여유가 있고 이상적인 면을 추구한다. 현대에는 재물에 대한 기운과 부동산 계통의 재산을 상징한다.
남녀궁	성적인 기능, 자녀의 수, 심신의 건강	누당과 와잠 부분이 평평하면서 살이 차 있으면 성적인 건강, 자녀 생산 기능이 원만하고 심신이 건강하다.
처첩궁	배우자와의 인연, 남녀 애정운	처첩궁에 주름, 흉터 등 흠집이 없고 깨끗하고 색이 밝고 꺼진 곳이 없으면 남녀 애정운이 좋다. 푹 꺼지거나 어지러운 주름, 흉터 등이 있으면 이성과의 조화력이 약해 갈등이 많다.
질액궁	질병과 건강	적당히 높고 풍만하면서 원만하면 건강하고 사는 동안 재난이 적다. 이마와 코까지 연결성이 좋으면 실천력, 의지력이 좋으며 윗사람의 덕이 자연스럽게 이어진다.
재백궁	현금 재물의 출납	재산 상태와 관리 능력, 금전 운세와 사업운을 판단하는 곳이다. 특히 현금 재화의 출입과 관리 능력을 의미한다. 코가 재물의 출입을 관장하지만 경제적 성공을 모두 보여 주는 자리는 아니다.
노복궁	아랫사람, 부동산, 말년운	턱이 둥글고 원만하며 흠집이 없으면 의지력, 지구력, 리더십, 통솔력이 좋아 많은 사람들을 거느릴 수 있다. 아랫사람, 자녀, 주거운, 이동수단, 부동산 등 말년의 운세를 가늠하는 곳이다.

◆ 귀

형태		특징
위치	높은	정신적인 면을 추구하는, 이성적인, 식견이 높은, 조기 출세하는
	낮은	물질적인 면을 추구하는, 포용력과 배려심이 있는, 리더십이 있는
크기	큰	신장이 큰, 귀가 크고 단단하면 체력이 좋고 건강한, 정력이 좋은
	작은	신장이 작은, 관운이 약한, 체력과 정력이 약한
두께	두터운	부유한, 귀한, 수명이 긴, 생명력이 강한
	얇은	재운이 약한, 가난한, 외로운
모양	윤곽이 뚜렷한 귀	성실한, 안정적인, 모범적인, 가치판단과 행동적 기준이 뚜렷한, 지혜로운, 현명한
	내곽이 튀어나온 귀	자아가 강한, 주체성이 강한, 독립적인, 창의적인, 독특한, 주관적인, 적극적인, 자기주장이 강한, 지는 것을 싫어하는
	윤곽이 없는 칼귀	동물적인, 감각적인, 본능적인, 행동력이 빠른, 관찰력이 뛰어난
	정면에서 안 보이는 귀	주체성이 강한, 신중한, 독선적인, 의리가 강한, 사람을 가려 사귀는
	잘 보이는 귀	남의 말을 잘 듣는, 주관이 약한, 끈기가 부족한, 성격이 밝은

강약	단단한	에너지가 왕성한, 신장기능이 좋은, 정력이 좋은, 체력이 좋은
	힘이 없는	신장기능이 약한, 체력이 약한, 정력이 약한
귓구멍	큰	머리가 좋은, 이상이 높은, 남의 말을 잘 듣는
	작은	건강이 약한, 수명의 근원이 짧은, 어리석은, 완고한
귓불	두툼한	낙천적인, 감정이 풍부한, 감정적인, 원만한, 정이 많은, 인기가 많은, 너그러운, 귓불이 입으로 향해 들려 있으면 자식복과 재물복이 좋은
	빈약한	이성적인, 냉정한, 분석적인, 판단력이 빠른, 신속한, 행동력 있는, 예민한, 신경질적인, 사람을 가려서 사귀는

◆ 이마

	형태	특징
넓이	넓은	지적능력이 우수한, 초년운이 좋은, 부모복과 윗사람 복이 있는, 인심이 좋은, 본인 노력보다 더 많이 챙길 수 있는, 머리가 좋은, 활동적인, 일이 많은, 처세에 능한, 배려심과 현실성이 있는
	좁은	사고방식이 좁은, 이기적인, 단순한, 생각이 짧은, 의심이 많은, 자기 이익을 챙기는, 본인이 노력한 만큼만 취할 수 있는, 고위직으로 올라가기 힘든
모양	튀어나온 이마	기억력이 좋은, 돌출된 행동을 하는, 창의력과 감수성이 발달한, 똑똑한, 직관력이 좋은, 감각이 뛰어난, 재치 있는, 임기응변에 능한
	꺼진 이마	학업운이 좋지 못한, 관운이 약한, 직업변동이 잦은, 어리석은
	둥근 이마	부드러운, 감성적인, 생각이 유연한, 원만한, 사교적인, 여성적인, 긍정적인, 대인관계가 좋은, 센스 있는
	네모진 이마	현실적인, 빈틈없는, 정확한, 실천력 있는, 탐구적인, 전문성 있는, 남성적인, 실질적인 것을 선호하는, 적극적인, 융통성이 부족한

모양	M자 이마	철학적인, 섬세한, 창의적인, 상상력과 독창성이 뛰어난, 추리력 있는, 직관적인, 책임감 있는, 의리 있는, 이해심이 있는,
	눈썹뼈가 나온 이마	적극적인, 고집이 센, 자수성가형, 상속을 받아도 다 까먹는
	원숭이 이마	창의적인, 감성이 풍부한, 머리가 좋은, 임기응변에 능한, 반항적인
	이마의 핏줄	예민한, 신경 쓸 일이 많은, 혈관이 많이 나오면 수명이 짧은
	이마의 흉터	일에 막힘이 많은
	이마의 주름	초년 운세가 평탄하지 않은, 울퉁불퉁 끊어진 주름은 일이 더디게 이루어지는, 일찍 사회생활을 하게 되는, 세로 주름은 아주 격정적인 일을 겪는
	이마의 잔털	본능적인, 육체적인, 학문과는 거리가 먼, 생각하기 싫어하는, 성적이 오르지 않는, 이성에 일찍 관심을 가지는, 예술적인

◆ 눈썹

	형태	특징
길이	긴	원만한, 온화한, 합리적인, 안정감 있는, 성숙한, 인기 있는, 차분한, 마음이 후덕한
	짧은	명랑한, 쾌활한, 귀여운, 발랄한, 이기적인, 성급한, 배려 없는
숱	짙은	융통성이 부족한, 주관이 뚜렷한, 자기주장이 강한, 활동적인, 억척스러운, 적극적인, 순발력 있는, 야성적인, 남성적인, 지구력 있는, 직선적인, 저돌적인, 의리를 중시하는
	옅은	섬세한, 내성적인, 의지가 약한, 감각적인, 활동성이 약한, 온순한, 부드러운, 여성적인
두께	넓은	건강한, 투박한, 안정감 있는, 힘 있는
	가는	섬세한, 연약한, 날카로운, 세련미 있는, 감성적인
미간 넓이	넓은	차분한, 여유로운, 포용력 있는, 마음이 넓은, 원만한, 학식이 있는
	좁은	치밀한, 꼼꼼한, 세밀한, 속이 좁은, 소심한, 소극적인, 급한, 이기적인

모양		
	표준형	유연한, 부드러운, 여성적인
	일자형	안정감 있는, 순응적인, 믿을 수 있는, 활동적인, 신념이 뚜렷한, 엄격한, 무뚝뚝한, 실천적인, 남성적인, 고집이 있는, 이지적인
	각진 형	명예욕과 권력욕이 강한, 남성적인, 절도 있는, 실천력 있는, 활동적인, 독립적인, 날카로운, 소신이 있는, 자기주장이 뚜렷한
	아치형	여성적인, 선한, 부드러운, 매혹적인, 고전적인, 온화한, 섬세한, 친절한, 자애로운, 우아한, 화려한, 어려 보이는, 감성이 풍부한
	상승형	개성적인, 동적인, 야성적인, 거만한, 활동적인, 강한, 적극적인, 시원한, 날카로운, 사나운, 능동적인
	처진 형	온순한, 부드러운, 유연한, 겸손한, 우울한, 사교적인, 내성적인, 빈틈없이 꼼꼼한, 두뇌가 명석한, 참을성 있는, 이해심 깊은

◆ 눈

형태		특징
크기	큰	감성적인, 표현력 좋은, 감정지향적인, 인기가 많은, 성격이 밝은, 감수성이 풍부한, 정이 많은, 다정다감한, 솔직한, 비밀이 없는, 사교적인, 편안한, 변화가 심한, 감정에 충실한, 호소력 있는, 화려한, 개방적인
	작은	이성적인, 신중한, 목적지향적인, 세밀한, 의심이 많은, 끈기가 강한, 치밀한, 계획적인, 자기주장이 강한, 정신력이 강한, 비밀스러운, 두뇌회전이 빠른, 소극적인, 보수적인, 집념이 있는, 부지런한
모양	둥근	밝은, 발랄한, 명랑한, 경쾌한, 다정다감한, 마음이 여린, 여성적인 성향이 강한, 예술적 감각이 좋은, 감수성이 예민한, 인기 있는
	긴	사려 깊은, 따뜻한, 배려심이 많은, 관찰력 있는, 인내심 있는, 성실한, 냉정한, 직감력이 좋은, 분석력 있는, 속내를 잘 드러내지 않는
눈꼬리	올라간	적극적인, 승부욕이 강한, 대범한, 실행력 있는, 진취적인, 충동적인, 야성적인, 거만한, 솔직한, 도전적인, 강인한, 자존심 강한
	내려간	수동적인, 정적인, 내향적인, 신중한, 차분한, 지혜가 있는, 진득한, 인내력 있는, 심사숙고하는, 온순한, 대인관계 좋은

눈동자 돌출 여부	튀어나온	표현력 있는, 창의력 있는, 눈썰미가 좋은, 총명한, 적극적인, 창조적인, 호기심 많은, 솔직한, 숨김이 없는, 급한, 참을성이 부족한
	들어간	끈기 있는, 침착한, 조심스러워 보이는, 소극적인, 참을성 있는, 비사교적인, 소심한, 이기적인, 자기만의 세계가 확고한, 신경질적인
기타	좌우 크기가 다른 눈	논리적인, 객관성이 뛰어난, 남에게 없는 특별한 능력을 가진, 이중적인 성향의, 재치 있는, 임기응변에 강한, 요령이 좋은
	삼각 눈	관찰력이 뛰어난, 세밀한, 독선적인, 이기적인, 오기가 강한, 날카로운, 이해타산적인, 계책이 뛰어난, 냉정한, 부와 권세를 쫓는
	삼백안	목적을 이루기 위해서는 백절불굴의 정신을 가진, 승부욕이 강한, 이기적인, 의지력이 강한, 보복심이 강한, 극단적인, 영리한, 자존심이 지나치게 강한, 난폭한, 이성에 대한 호기심이 왕성한
	사백안	소심한, 신경질적인, 불안정한, 이중적인, 잔인한, 극단적인, 의리 없는, 도덕성이 결여된

◆ 코

	형태	특징
높이	높은	자존심이 강한, 주관이 뚜렷한, 도도한, 승부욕이 있는, 적극적인, 책임감 있는
	낮은	타협적인, 의존적인, 수동적인, 낙천적인, 사교적인, 배려있는, 봉사 정신이 있는
크기	큰	정력적인, 힘이 있는, 적극적인, 주체성이 강한, 활동적인, 남성적인
	작은	사교적인, 온순한, 소심한, 포기가 빠른, 배려심이 있는, 자존감 약한, 재운이 약한
넓이	넓은	마음 씀씀이가 넓은, 외향적인, 생활력이 강한, 정이 많은, 심성이 좋은, 덕과 복이 있는, 가식이 없는
	좁은	순발력 있는, 두뇌회전이 빠른, 내향적인, 신경이 예민한, 까다로운, 재운이 약한, 이기적인
길이	긴	성실한, 책임감 있는, 보수적인, 자존감이 강한, 원리원칙적인, 융통성이 부족한, 신중한, 고집이 있는, 사고력 있는
	짧은	개방적인, 판단이 빠른, 융화력이 좋은, 사교적인, 급한, 즉흥적인, 유머러스한, 체념이 빠른, 행동력이 빠른, 신중하지 못한

코끝의 모양	둥근	여유 있는, 온화한, 원만한, 심성이 고운, 부드러운, 안정적인, 착한, 실용적인, 인덕 있는, 재운이 좋은
	뾰족한	기획력이 좋은, 창조적인, 공격적인, 자기중심적인, 두뇌회전이 빠른, 이기적인, 배려심 없는
	처진	참을성 있는, 생각이 깊은, 고지식한, 속을 잘 드러내지 않는, 집착이 강한, 폐쇄적인, 남에게 잘 베풀지 않는
	콧구멍이 들린	대인관계가 원만한, 배포가 큰, 씀씀이가 헤픈, 자제력이 약한, 비밀이 없는, 낙천적인, 즉흥적인, 개방적인, 배포가 큰, 화끈한
종류	휜 코	심리적으로 불안정한, 금전운에 문제 있는, 심성이 바르지 않은
	매부리코	상황판단이 빠른, 자기애가 강한, 이기적인, 타산적인, 인색한, 완고한
	계단코	언행이 공격적인, 자기중심적인, 나서길 좋아하는, 다툼이 많은, 사나운

◆ 관골

형태		특징
모양	옆으로 튀어나온	고집이 강한, 자기중심적인, 투쟁심이 강한, 성격이 급한, 인내심 있는, 강한 의지력을 가진, 이성에 대한 호기심이 강한, (심하게 나와 있으면) 남의 의견을 무시하고 잔인한
	앞으로 튀어나온	고집이 강한, 의지가 강한, 적극적인, 주관이 확실한, 성미가 급한, 원기 왕성한. 저돌적인, 남에게 지기 싫어하는, 명예를 중시하는, (옆으로 튀어나온 관골보다) 재복이 있는
	높은	용기와 지략이 있는, 행동이 빠른, 자기 표현이 왕성한, 적극적인, 실행력 있는, 명예욕이 있는, 너무 높으면 고집이 세고 조급한
	낮고 처진	결단력이 없는, 권력이 없는, 허영심 있는, 주관이 부족한, 겁이 많은, 의지와 투쟁성이 약한, 소극적인, 책임감이 약한, 동업하기 부적합한, 사회성이 떨어지는, 독신이 많은, 인맥이 약한
	살집이 좋은	재물운이 좋은, 인기가 있는, 인덕 있는, 대범한, 자신감 있는, 주관이 뚜렷한, 강직한, 권력을 얻는, 책임감 있는, 융통성 있는, 활동력이 좋은, 명예를 중시하는, 봉사 정신이 강한
	살집이 없는	융통성 없는, 비협조적인, 고독한, 자기주장이 강한, 비활동적인, 자기중심적인, 소통이 안 되는, 고집스러운, 우유부단한, 소극적인
	좌우 비대칭	정서가 불안정한, 이중적인, 권력이 불안정한, 운세의 기복이 심한

◆ 인중

형태		특징
모양	선명한	심성이 좋은, 자식복이 있는, 건강한, 재운이 좋은, 쓸 돈이 있는, 애정이 강한
	밋밋한	건강이 약한, 끈기가 약한, 자식 운이 약한, 일에 막힘이 있는
	구부러진	신뢰감이 없는, 이중적인, 난산 및 제왕절개, 자식운이 안 좋은
길이	긴	느긋한, 수명이 긴, 참을성 있는, 인내력 있는, 마음이 넉넉한,
	짧은	성격이 급한, 즉흥적인, 감정적인, 유혹에 약한, 밝고 명랑한, 변덕이 심한
넓이	넓은	먹을 복이 많은, 재운이 좋은, 인자한, 너그러운, 사고력이 깊은, 대범한, 사교성이 좋은, 성적으로 조숙한, 출산이 순조로운, 느긋한
	좁은	성질이 급한, 소심한, 신경질적인, 사고력의 폭이 좁은, 이기적인, 지나치게 좁으면 편파적이고 외골수적인, 난산과 수술
주름	가로 주름	아들과 인연이 약한, 아들이 애를 먹이는, 자손이 잘 안 풀리는, 자녀를 늦게 두거나 어려운, 재운이 약한, 여성은 이성 관계가 복잡한
	세로 주름	재운이 약한, 돈에 쪼들리는, 자녀를 두기 어려운
흠집	점, 흉터, 사마귀 등	자궁이 약한, 자손과의 인연이 약한, 의식주에 문제가 있는, 구설수 있는

◆ 입

형태		특징
크기	큰	포부와 야망이 큰, 추진력 있는, 결단력 있는, 사교적인, 적극적인, 생활력이 강한, 지도력 있는, 감성이 풍부한, 정열적인, 활발한, 통이 큰
	작은	소심한, 추진력이 약한, 신중한, 꼼꼼한, 여성적인, 내성적인, 속이 좁은, 생활력 강한
입술의 모양	두터운	체력이 좋은, 적극적인, 배포가 큰, 정열적인, 인정이 많은, 감정이 풍부한, 욕심이 많은, 미각이 발달한, 정력이 좋은, 친화력이 좋은, 성감이 좋은, 감성적인
	얇은	계산이 정확한, 냉정한, 실리적인, 신용 있는, 신중한, 성실한, 지적인, 완고한, 끈기 있는, 정이 부족한, 이익을 따지는, 말이 많은
	아랫입술이 두꺼운	이기적인, 받기를 좋아하는, 이성에게는 약한, 육체적인 사랑을 중시하는
	윗입술이 두꺼운	인정이 많은, 배려심이 깊은, 잘 베푸는, 현실보다 이상적인 것을 추구하는, 정신적인 사랑을 추구하는, 희생정신이 강한
	뒤집어진	말이 많은, 수다스러운, 독선적인, 나서기를 좋아하는,
	아랫입술이 튀어나온	자기주장이 강한, 이기적인, 현실적인, 신용이 적은

입의 모양	튀어나온	자기주장이 강한, 실행력 있는, 투쟁성이 강한, 승부욕이 강한, 배짱 있는, 수다스러운, 말이 많은, 구설수가 많은, 생활력 강한
	들어간	내성적인, 소심한, 소극적인, 자신감이 부족한, 불만이 많은, 꼼꼼한, 신중한, 자기 속을 잘 내보이지 않는, 이기적인, 의리가 부족한
입꼬리	올라간	자기주장이 강한, 활동적인, 자신감 있는, 두뇌 회전이 빠른, 진취적인, 지적인, 명랑한, 쾌활한, 긍정적인, 화통한, 거침없는, 낙천적인
	일자형	성실한, 보수적인, 균형 있는, 이성적인, 책임감 있는, 의지가 강한, 냉정한
	내려간	고집이 센, 신념이 강한, 독선적인, 비판적인, 부정적인, 진지한, 우울한, 공감력이 부족한, 외로운, 배짱과 명예욕이 강한

◆ 턱

형태		특징
모양	넓고 둥근 턱	리더십과 통솔력이 있는, 강인한, 체력이 좋은, 여유가 있는, 원만한, 포용력이 있는, 사교성이 좋은, 친절한, 인간관계가 좋은, 후덕한, 안정적인, 자녀의 덕을 보는
	작고 좁은 턱	의지력이 약한, 배짱이 부족한, 체력이 약한, 예민한, 신경질적인, 포용력이 부족한, 이성적인, 생각이 많은
	작고 둥근 턱	원만한, 사교적인, 부드러운, 귀여운
	뾰족한 턱	성질이 급한, 날카로운, 마음이 불안정한, 예민한, 소심한, 이중적인, 아랫사람을 힘들게 하는, 덕이 부족한, 예술적 재능이 있는
	각진 턱	체력과 의지가 강한, 정신력이 강한, 끈기 있는, 독선적인, 비타협적인, 집착 있는
	들어간 턱	이기적인, 소심한, 소극적인
	튀어나온 턱	나오면 나올수록 속을 보여 주지 않는, 집념이 강한, 끝까지 밀고 나가는, 생활력이 강한

모양	주걱턱	주걱턱이면서 살집이 좋으면 돈을 모으는 재주가 좋은, 주걱턱이면서 살집이 빈약하면 금전운이 좋지 않고 독선적인, 하극상, 아랫사람을 힘들게 하는
	무턱	행동이 빠른, 생각이 짧은, 냉정한, 지구력이 약한, 끈기가 부족한, 활동적인, 희생정신이 약한
	이중턱	포용력이 좋은, 잘 베푸는, 인정이 많은, 화술이 좋은, 사교적인, 재물복이 좋은, 후덕한, 말년이 풍족한
	갈라진 턱	열정적인, 강인한, 끝까지 성취하는 기질이 강한, 예술적 감각이 뛰어난, 창조력과 아이디어가 좋은, 정열적인, 이성에게 인기 있는
흠집	상처, 점, 사마귀 등	하극상을 당하거나 하극상을 하는, 자식이 기대에 못 미치는, 주거지가 불안정한

◆ 법령

	형태	특징
유무	뚜렷하면	자기 원칙이 확고한, 확실한 직업이 있는, 지속적인, 성실한, 소신이 분명한, 주관이 뚜렷한, 원리원칙적인, 통솔력 있는, 엄격한, 고집이 센, 여자가 너무 뚜렷하면 자식과 남편과의 인연이 약한
	연하거나 없으면	융통성 있는, 유연한, 순발력 있는, 명랑한, 밝은, 부드러운, 소신이 없는, 통솔력이 부족한, 철없는, 끈기 없는, 천진난만한, 일의 재미를 추구하는, 욕심이 없는
길이	긴	정년퇴직 후에도 직업이 있는, 꾸준한, 끈기 있는, 주관이 뚜렷한, 의리 있는
	짧은	직업변동이 잦은, 통솔력이 부족한
폭	넓은	활동영역이 넓은, 남성적인, 사교수완이 뛰어난, 호탕한, 통이 큰, 적응력이 뛰어난, 포용력 있는, 부하운이 좋은
	좁은	활동영역이 좁은, 여성적인, 소극적인, 까다로운, 세심한
모양	갈라진 법령	운세의 변화가 있는, 직업변동이 있는, 이중 수입이 있는
	이중 법령	두 가지 이상의 일이 있는, 개성이 강한, 일에 대한 갈등이 많은, 변동이 많은
	좌우 길이가 다른 법령	직업과 생활이 안정적이지 못한, 하는 일에 변화가 많은
	입으로 향한 법령	위장과 건강에 문제가 있는, 자기주장이 강한